Das Buch

Körpergewicht mal drei, geteilt durch 50 – das ist die Menge Kot, die jeder Köter täglich auf Straßen, Bürgersteigen und Wiesen hinterlässt. Hunde sind überall: Sie verderben die Badeidylle am See, gefährden hilflose Kinder und verdrecken die Großstädte. Der langjährige Hundefeind Wulf Beleites beißt nun zurück. Für alle, die Hunde ebenso wenig leiden können wie ihre Halter, hat er die absurdesten Geschichten zusammengetragen. Er entwickelt kluge Strategien gegen manisches Markierverhalten an fremden Gärten und verrät köstliche Rezepte – wie Waldi im Wok.

Der Autor

Wulf Beleites arbeitet seit über vierzig Jahren als Journalist und Fernsehautor, u. a. für *Spiegel*, *Stern*, NDR und WDR. Seit 2014 ist er Herausgeber und Chefredakteur der ersten deutschen Zeitschrift für Hundegegner. Zugegeben: Er mag die Vierbeiner ebenso wenig wie ihre Halter.

Wulf Beleites

Kot & Köter

DAS BUCH
FÜR ALLE
HUNDEHASSER

Ullstein

Besuchen Sie uns im Internet:
www.ullstein-taschenbuch.de

Originalausgabe im Ullstein Taschenbuch
1. Auflage August 2015
© Ullstein Buchverlage GmbH, Berlin 2015
Umschlaggestaltung: ZERO Werbeagentur, München
Titelabbildung: © FinePic®, München
Satz: LVD GmbH, Berlin
Gesetzt aus der Fearfield LH
Druck und Bindearbeiten: CPI books GmbH, Leck
Printed in Germany
ISBN 978-3-548-37586-1

Gegen Pummi

Dies ist ein satirisches Buch. Ihnen werden hier Figuren und Ereignisse begegnen, die ein reales Vorbild haben, aber vom Autor satirisch verzerrt wurden. Die Handlung ist nicht dokumentarische Darstellung tatsächlicher Vorgänge. Nehmen Sie also nicht alles für bare Münze.

Inhalt

Vorab: »Ist Pummi drin?«	11
Jute statt Plastik	19
Kot und Kunst	24
Pimp Your Dog	30
Pummi oder der Nutzhund – Teil 1	36
Typologie Hund und Halter	44
Pummi inne Pott oder der Nutzhund – Teil 2	52
Neulich auf der Hundewiese	70
Hundeschiss – Das Sprüche-Quartett (für 2–4 Spieler)	76
Wenn der Kot sanft im Wasser dümpelt	81
Selber schuld	87
Das kleine Einmaleins für Postboten	94
Mit Karate gegen Köter	99
Jetzt wird zurückgebissen: Tricks von A – Z	105
Fünf Schüsse auf dem Friedensplatz	117
Kampfhunde oder wo der Hammer hängt	120
Mit Paragraphen an der Hundefront – Ein juristischer Streifzug	127

Sitz – Platz – Fass	139
Mit dem *Wall Street Journal* bei Koko von Knebel	146
Das Glück liegt im Namen des Hundes	151
Der Hundepastor oder bei ihm liegt der Hund begraben	161
MGB – Die Friedhofsbewegung	170
Meldungen – Teil 1: Kai Diekmann oder Hundstage bei den Boulevardblättern	178
Und noch mehr Meldungen – Teil 2	185
Bücherecke	195
WWW – Gefunden im Netz	203
Hundewiesen-Tratsch	208
Befehle	215
Hintendran: Rezepte	219
Hate Poetry oder schlussendlich	228

Vorab: »Ist Pummi drin?«

Am Anfang war der Köter, und der Köter war beim Herrchen, und der Köter war Herrchen.

Am Anfang war er beim Herrchen.

Alles ist durch den Köter geworden und ohne den Köter wurde nichts, was geworden ist.

In ihm war der Kot, und der Kot war die Last der Besitzer.

Und die Last leuchtete in der Finsternis, und der Besitzer hat es nicht gerafft.

Es trat ein Mensch auf, der vom Herrchen nicht gesandt war; sein Name war Beleites.

Er war nicht selbst die Last, er sollte nur Zeugnis ablegen für die Last.

Er war in der Welt und die Welt ist durch ihn geworden, aber die Welt erkannte ihn nicht.

Alles begann mit Pummi, einem kleinen, fiesen Spitz. Pummi und mein Großvater wohnten bei uns in der Etagenwohnung mitten in der Stadt. Viereinhalb Zimmer Altbau in Hamburg-St. Georg. Vorne zwei Zimmer, untervermietet. Dann ein endlos langer Flur, der an der Küche vorbeiführte. Hinten ein großes und ein halbes Zimmer für mich, meine beiden Brüder und meine Mutter.

Und eben das eine Zimmer für den bärtigen Großvater mit seinem kläffenden Köter.

Das Zimmer war tabu. Betreten verboten. Wir Kinder hätten uns auch nie hineingetraut. Es war nicht unheimlich, sondern nur abschreckend. Es stank durch die Tür nach einem alten, kranken Mann und seinem ebenso inkontinenten Hund. Zu hören war missmutiges Gebrummel und unverständliches Geschimpfe, übertönt von hinterhältigem Geknurre oder lautstarkem Kläffen.

Es war Nachkriegszeit, wir waren Schlüsselkinder. Also: Die Mutter arbeitete, und wir Jungs hatten jeder ein Schlüsselband um den Hals, um alleine nach Kindergarten, Schule oder Spielplatz in die Wohnung zu kommen. Es war immer das gleiche Ritual: Zaghaft die Wohnungstür aufschließen und einen klitzekleinen Spalt öffnen. Dann stets die eine Frage: »Ist Pummi drin?« Keine Antwort und Stille waren ein halbwegs sicheres Zeichen, ungeschoren das hintere Wohnzimmer erreichen zu können. Gekläff und Gezeter bedeuteten, schnell die Tür zu schließen, sich auf die Treppe zu setzen und auf die Mutter zu warten.

Und dennoch ist es passiert: Ich war fünf oder sechs Jahre alt, und Pummi hat zugebissen, ins Bein. Eine Fleischwunde, die genäht werden musste.

Es hat kein Trauma verursacht, aber die Erinnerung ist geblieben, und der Grundstock für eine lebenslange Erkenntnis war gelegt: Hunde sind lästig, ärgerlich und gefährlich. Lästig durch ihr immerwährendes Gebelle. Ärgerlich durch das ewige Koten im öffentlichen Raum. Und gefährlich, weil in jedem Hund ein potentieller, zubeißender Kampfhund steckt. Oder zumindest ein kleiner, fieser Pummi.

Das Gefährliche: »Den Letzten beißen die Hunde.« Dieses Sprichwort, das wahrscheinlich (Grimm'sches Wörterbuch) seinen Ursprung in der Hetzjagd durch eine Hundemeute hat, stimmt auch heute noch, muss jedoch um »den Ersten, Zweiten oder Dritten« ergänzt werden. Denn jeden kann es treffen, egal, wo er steht, sie geht oder es spielt. »Viele Hunde sind des Menschen Tod«. Oder aber: »Biss ist ein Biss ist ein Biss.«

Gefahren gehen auch noch vom Hundefloh, dem Hundebandwurm und dem Hundeklo, auch Sandkasten genannt, aus.

Das Lästige: Hunde bellen in jedem Verhaltenskontext – aus Angst, Langweile, Ärger, Freude oder einfach nur so. Es gibt keine plausible Erklärung für das lästige Wuff-Wuff und impertinente Kläff-Kläff. Bellen in jeder Tonlage ist ein Ausdruck der ständigen Unentschlossenheit, eine blödsinnige Reihenfolge von »Geh weg – Komm her – Geh weg – Komm her!«. Unzählige Schriftsteller, Verhaltensforscher und Logopäden haben sich mit dem Thema beschäftigt, haben kluge Abhandlungen, praktische Ratgeber oder hämische Artikel über die kläffenden Köter geschrieben.

Das Ärgerliche: Körpergewicht mal drei, geteilt durch 50 – das ist die Menge Hundekot, die jeder Köter täglich auf Straßen, Bürgersteigen oder Wiesen hinterlässt. Ich habe sie nach sehr ausführlicher Forschung vor Jahren aufgestellt. Sie wurde niemals hinterfragt, der wissenschaftliche Gehalt nie angezweifelt. Und dass sie womöglich von mir extra erfunden wurde, interessierte auch keinen. Denn dass der Hund die Umwelt vollkackt und an Hauswänden, Denkmälern und Bäumen pinkelnd sein Bein hebt, konnte und kann niemand ernsthaft bestreiten.

Dennoch ist immer wieder die treuherzige oder dreiste Versicherung zu hören: »Mein Hund macht das nicht.« Sie kennen das, lieber Leser. Zwar wird zugegeben, dass Hunde lästig, ärgerlich und gefährlich sein könnten, doch handelt es sich hierbei immer um den Kot und den Köter der anderen.

Und damit wären wir bei dem unsäglichen Thema des »oberen Endes der Leine«. Hier müsse, so die selbsternannten Tierschützer und Hundeexperten, Aufklärung geleistet und um Einsicht geworben werden – mit Hundeführerscheinen, Beißstatistiken, Maulkörben, Leinenzwang, politischen Verordnungen, gesetzlichen Verboten, Bußgeldkatalogen, Kackbeuteln und so weiter und so fort. Die, die sich so aufgeschlossen geben, reden gerne vom besten Freund des Menschen, zitieren ebenso feierlich Franz von Assisi (»Mein Hund ist mir im Sturme treu, der Mensch nicht mal im Winde.«) und philosophieren aufgewärmten Herzens vom besten Freund und treuen Gefährten. Aber sie alle spielen auf der Befehlsklaviatur der Untertanenschule mit »Platz-Sitz-Kusch-Fass«. Oder sie benutzen Hunde-Klicker, arbeiten mit Leckerlis, verfüttern vegane Hundeknochen und kaufen strassbesetzte Dirndl in exklusiven Hundeboutiquen.

Egal ob »guter« oder »böser« Hundehalter: Sie alle pflegen ihr neurotisches Verhältnis zu einem von ihnen über Jahrtausende durch Domestizierung oftmals ebenso neurotisierter Tier. Und die Bandbreite ihrer Liebe, Freundschaft, Zuneigung und Vermenschlichung, der Herrschsucht, Selbstverwirklichung und dem Befehlsgebaren, ihrer Bekloppheit oder Zärtlichkeit kennt keine Grenzen. Sie deckt alle gesellschaftlichen Bereiche ab. Und sie spiegelt sich wider in Politik, Wirtschaft, Gesellschaft, Lifestyle, den Medien, in Kunst und Kultur.

Seit über vierzig Jahren arbeite ich als Journalist – für Print und TV. Hundethemen haben mich immer begleitet und zum Schreiben angeregt. Nicht die niedlichen oder rührenden Geschichten über tapsige Hundewelpen und treue Hundeseelen. Das war eher etwas für die Kuschelressorts der Familien-, Erziehungs- oder Promiredaktionen. Auch über Polizei-, Rettungs- oder Blindenhunde durften andere schreiben. Aber kam Daisy mit ihrem Moshammer an der Leine an die Elbe, zerfleischten sich auf dem Hamburger Kiez zwei Ludendoggen gegenseitig und auch noch ihre Zu-Halter oder trafen sich erbitterte Hundehalter vor Gericht, so waren das seit jeher meine Themen. Auch berichtete ich gerne über esoterische Hundekreise, vegane Hundeernährung, beknackte Hundemode und ihre exquisiten Boutiquen oder natürlich immer wieder über die Kampfhundattacken.

Nach meiner Zeit als Gerichtsreporter bei der *Hamburger Morgenpost* wurde ich seriöser, wandte mich gesellschaftlich relevanteren Themen zu. Doch spätestens beim Eintritt in die Satire-Redaktion extra 3 beim NDR brach die alte Leidenschaft wieder durch: Hundethemen waren meine, denn zeitgleich gab es ein verhängnisvolles Zusammentreffen:

1992 – Wir saßen in einer Kneipe. Jeder vor einem Glas Guinness. Vier Hamburger Journalisten fachsimpelten vor sich hin. Dann musste eine höchst brisante Frage geklärt werden: Was ist die beste Boulevard-Schlagzeile? Eine, in der alles, aber auch wirklich alles drinsteckt. Eine Zeile, die schamlos jeden Dreck abdeckt. Die kein niederträchtiges Bedürfnis auslässt und kein gängiges Klischee vernachlässigt.

Vier Guinness später war sich der Kneipen-Presserat einig: Nichts ging über die alte, irgendwann Mitte der 1970er Jahre von der Illustrierten *Quick* ermittelte Zeile: »Deutscher Schäferhund beißt Inge Meisel Brustkrebs weg!« Da war wirklich alles drin. Da gab es nichts dran zu meckern. Das war auch heute nicht zu toppen.

Noch einmal ein Guinness für jeden, und schon wieder tauchte eine medienrelevante Grundsatzfrage auf und musste diskutiert werden: Welche ebenso überfällige wie auch überflüssige Zeitschrift fehlt auf dem deutschen Medienmarkt. Eine weitere Runde Guinness später schlug die Geburtsstunde von *Kot & Köter* – Die Zeitschrift für den Deutschen Hundefeind. In einer Redaktionssitzung haben wir das Konzept festgeklopft. 44 Seiten, Hochglanz. 44 Seiten, die es in sich haben sollten:

- Die Zeitschrift sollte sich politischen Fragen (Bismarck und die Doggen), gesellschaftlichen Themen (Die Rolle des Nuttenpudels im Wandel des Straßenstrichs) ebenso wie ausgewählten Hunderezepten zuwenden.

Über das Konzept hinaus sind wir vier nicht gekommen, aber die Anti-Hundezeitschrift entwickelte ihre Eigendynamik. Wir platzierten eine Titelschutzanzeige, und prompt nahm sich der mediale Boulevard begierig des Themas an. Erst die privaten Radiosender, dann die Zeitungen. Schon nach einer knappen Woche zogen die nachmittäglichen Krawall-Talkshows genüsslich nach.

Sechs Jahre lang (1992–1998) tingelte ich als der angebliche Chefredakteur von *Kot & Köter*, als »Hundehasser der Nation« auf Sat1, RTL, Pro 7 etc. durch die Programme – ohne je eine Ausgabe der Zeitschrift produziert zu haben. Nur eine Titelseite – aufgeklebt auf einer echten Hundezeitschrift – gab es, die ich bei meinen Auftritten bereitwillig in jede Studiokamera hielt. Sechs Jahre mit 16 Auftritten bei Schreinemakers, Arabella, Sonja und Co.

Erst war es nur eine witzige Idee und schmeichelte meinem Ego als Rampensau. Hinzu kamen auch die Honorare für die Auftritte. Ich startete mit 500 Mark, erhöhte meine Forderung aber bald auf 1000 Mark pro Auftritt. Zwar feilschten die Redaktionen um den Preis, jammerten über niedrige Etats, willigten dann aber doch ein. Sie wollten mich unbedingt in ihren Sendungen haben.

Die Thesen, die ich in den Talkshows verkündete, sprachen vielen Leuten aus der Seele und tun es auch heute noch: »Der Hund beißt, kotet und macht Krach. Der Hund ist eine Gefahr. Der Hund ist ein Ärgernis. Der Hund ist eine Ersatzbefriedigung.« Die guten Einschaltquoten belegten, dass eine feindliche Einstellung zum

Thema Hund vielen Leuten gefiel. Kein Wunder: Im Gegensatz zu den Hundefreunden, mit ihren zahlreichen Zeitschriften und Büchern für Hundeliebhaber, haben die Hundefeinde kein Sprachrohr. Und das, obwohl es mindestens genauso viele Leute gibt, die sich durch Hunde belästigt fühlen. Sei es der Jogger im Park, der von hyperaktiven und frei laufenden Tölen schikaniert wird, oder der Postbote, der ängstlich, ständig auf der Hut, seine Pakete austeilt. Ich denke hier auch an den ein oder anderen Nachbarn, der durch kläffende Nachbarshunde zur Weißglut getrieben wird. All diese Menschen fühlen sich alleingelassen, sie haben keine Lobby.

Das soll sich nun ändern. In diesem Buch möchte ich als ausgewiesener Hundehasser, gewitzter Hundegegner und belesener Hundefeind allen Gleichgesinnten helfen. Ich möchte Tipps und Tricks geben, wie Sie sich die Köter vom Leib halten können. Und ich möchte die Hundegeschichten aus meinem Leben mit Ihnen teilen. Das Buch ist eine Lebenserfahrung – es basiert auf der Grundlage irrealer Tatsachen und realer Möglichkeiten. Immer mit Pummi im Kopf gegen die Pummis dieser Welt. Denn eine Widmung gibt es natürlich auch: »Gegen Pummi«.

Jute statt Plastik

Zu Großvaters und Pummis Zeiten kackte jeder Hund überall hin, wo er sein Bedürfnis loswerden wollte. Mein Großvater und alle anderen Hundehalter gingen nach vollendeter Tat seelenruhig weiter. Passanten empörten sich selten, setzten ihren Weg vorsichtig fort und wichen den Kothaufen auf den städtischen Trottoirs geschickt aus. Sie hatten schon lange vor der Veröffentlichung Lou Reeds Warnung »Walk on the Wild Side« verinnerlicht. Heute aber werden zunehmend Kothaufen mit Plastikbeuteln beseitigt. Vor allem, wenn empörte Bürger mit anklagendem Finger auf Hund, Halter und Haufen zeigen.

Wer kennt es nicht, das Slalomlaufen auf dem Bürgersteig, morgens auf dem Weg zur Arbeit. Sollten Sie in Berlin-Friedrichshain, Hamburg-Altona oder Düsseldorf-Eller leben, lieber Leser, so gilt mein Mitleid ganz besonders Ihnen. Treten Sie nicht hinein, sondern machen Sie lieber einen zwar lächerlich anzuschauenden, aber sicheren Ausfallschritt. Ganz wichtig: Legen Sie sich mit den Hundehaltern, auch wenn Sie ihn und seinen Kacksack auf frischer Tat erwischen, nicht direkt an. Zwar haben Sie die besseren Argumente, er aber den bissigeren Köter. Gehen Sie lieber in die Hocke, nesteln Sie am Hosenbund und täuschen nun ihrerseits ein »Geschäft« vor. Ambitionierte Hundegegner haben immer ein Kleinkind dabei, das auf Kommando Pipi und Kaka machen kann. Auch sollten Sie immer ein Stück Kreide bei sich führen, um mit zugehaltener Nase einen anklagenden und aufklärerischen Hinweiskreis um den Haufen zu ziehen. Noch besser ist die Markierung der Kothaufen mit kleinen Fähnchen, diesen Partystickern – am besten in den Farben Schwarz-Rot-Gold.

Seit Jahrzehnten ist es die wissenschaftliche Standardformel zur Berechnung von Kötern und ihrer Kot-Menge: Körpergewicht mal drei durch 50. Bei etwa fünf Millionen Hunden in Deutschland, denen ein Durchschnittsgewicht von je zehn Kilogramm zugrunde gelegt wird, ergibt dies täglich einen imposanten Haufen von 3 Millionen Kilo Hundekot. Diese Menge bringt beachtliche Entsorgungsprobleme mit sich.

Der vorgeschriebene Weg: Mit dem Plastik-Kackbeutel – egal ob nun die kostenfreien der kommunalen Müllabfuhr oder die aufgehübschten Gassi-Beutel der einschlägigen Hundezubehör-Industrie – sollen die glibberigen Haufen oder hart getrockneten Würste aufgehoben und in Papierkörben entsorgt werden.

Allein in Hamburg hat die Stadtreinigung im vergangenen Jahr 26 Millionen Beutel verteilt, 2,3 Millionen mehr als 2012. Die Hamburger Straßenkehrer rechnen vor: »Bei rund 45 000 derzeit in Hamburg gemeldeten Hunden fallen täglich 13 Tonnen Hundekot an. Das sind rund 4800 Tonnen Hundekot pro Jahr. Auf jeden Hamburger Hund kommen 585 Gassi-Beutel jährlich oder 1,6 Gassi-Beutel pro Tag. Der für die Hundehalter kos-

tenlose Service kostete die Stadtreinigung 2013 rund 131 000 Euro. Das waren fast 12 000 Euro mehr als 2012.«

Doch nicht nur die Kostenexplosion bereitet den Hamburgern Kopfzerbrechen. Zunehmende Kritik kommt auch von der »Vereinigung der hanseatischen Flaschen-Sammler« (VhFS). Immer öfter greifen sie in den roten Tonnen nicht mehr nach Flaschen und Dosen, sondern direkt in die unsorgsam schlecht verschlossenen Kot-Beutel. Oftmals sei ihr Sammelgut auch so stark von den tierischen Exkrementen verunreinigt, dass die örtlichen Flaschensammelstellen bei REWE, Penny oder Aldi eine kostenerstattende Annahme schlicht verweigern.

Einen möglichen Ausweg aus dieser verdreckten Situation könnte mit ein bisschen politischem Willen jetzt eine Initiative der Grünen bringen.

Als Experte in Sachen Kot will und muss ich mehr wissen und fahre nach Berlin.

Auf einer sehr gut besuchten Pressekonferenz im Berliner »Café Paris« stellt ein Ex-Umweltminister seinen grünen Entsorgungsplan vor. Ihm gehe die »unerhörte Menge der täglich anfallenden Plastikbeutel« schon seit längerem »derart auf den Zeiger«, dass hier endlich ein »ökologisches Umdenken« gefragt sei. Sein grüner Ausweg: Jute statt Plastik. Nicht länger solle Hundekot in den umweltschädlichen Plastiktüten gesammelt werden, sondern er wird in Jutetaschen deponiert, im heimischen WC entsorgt und die Jutetasche geht dann ab in die Öko-Waschmaschine.

Ein Plan, der sofort die begeisterte Unterstützung des Dachverbandes, der »Kooperationsgemeinschaft deutscher Flaschensammler« (KdF) findet. Und auch vom Nebentisch kommt knurrende Zustimmung. Ein Kollege ist von der Pressekonferenz derart begeistert, dass er sofort einen Brief an den »lieben Kackbeutel« schreibt.

Kot und Kunst

Wie schon erwähnt, pinkelte Pummi an jede Hauswand, kackte auf jeden Bürgersteig, ging überall, wo es ihm beliebte oder ihn überkam, in die Hocke, und geduldig schaute mein Großvater zu. Auch heute sind trotz Aufnahmebeutel, öffentlicher Appelle und satter Geldbußen die Straßen, Wiesen und Wege vollgeschissen wie eh und je. Die berechtigte Empörung ist groß, aber auch hier setzt langsam, ähnlich wie bei der zunehmenden Akzeptanz von Graffiti in den Großstädten, ein Umdenken ein. Bei einer der immer wiederkehrenden Recherchen zum Thema »Hundekot im öffentlichen Raum« bin ich über Manfred Gresens und seinen Kampf gegen Hundehaufen auf den Berliner Trottoirs gestolpert und habe ihn sofort in mein Hundehasserherz geschlossen.

Manfred Gresens aus Berlin-Mitte ist ein rüstiger Rentner. Täglich wandert er durch die Straßen der deutschen Kot-Hauptstadt und führt akribisch Buch über die Haufen, in die er tritt oder denen er noch rechtzeitig ausweichen kann. Beide sind für ihn von gleichem Ärger, »denn der Hundekot verschandelt unser ansonsten so schönes Berlin«, beklagt sich der 80-Jährige. Gresens dokumentiert Haufen für Haufen, katalogisiert sie mit Datum, Straße und Hausnummer, schießt Beweisfotos. Er wendet sich an die Stadtreinigung und Innenbehörde und fordert, meist vergeblich, die Beseitigung des »widerlichen Unrats«. Berühmt wurde er mit einem achtminütigen Rap-Song, in dem er unter dem trefflichen Künstlernamen »Saubermann 007« gegen die täglich in seiner Stadt an- und herabfallenden 55 Tonnen Hundekot rebelliert. Seine Song-Botschaft: »Siehste Hundekacke hier und Hundescheiße da, dann bist du in der deutschen Hauptstadt, ist doch klar.« Manfred Gresens ist ein Kämpfer, der über die Hundescheiße zu einem Künstler wurde.

Kot wird zur Kunst. Denn wie jeder Haufen ein Oben und Unten, ein Vorher und Nachher hat, hat der Haufen an sich auch zwei Seiten. Was dem einen ein Ärgernis zu sein scheint, kann sich dem anderen als wahre Offenbarung darbieten. Kein Hundehaufen gleicht dem anderen. Die 6,9 Millionen Hunde setzen in Deutschland täglich etwa 14 Millionen Haufen in die Gegend. Es sind große oder kleine, feste oder wabbelige, tiefbraune oder hellgelbe Hundehaufen. Längst arbeiten angehende Fotografen des Studienganges »Fotojournalismus und Dokumentarfotografie« der Fachhochschule Hannover unter ihrem Professor Ralf Vogel an einem »Braunbuch Kot«, so der Arbeitstitel des geplanten Bildbandes.

Ursprünglich sollte es eine rein fotografische Typologie werden nach dem Motto: großer Hund – großer Haufen, kleiner Hund – kleiner Haufen. Ein schwer, mächtig und weiträumig verteilter Haufen ließe auf einen Bernhardiner schließen. Eine Hinterlassenschaft, ebenfalls von stattlicher Größe aber in einer exakten geraden Linie hingeschissen, stünde für den Kot eines Deutschen Schäferhundes. Flüchtige Flatschen, die mit einer schlanken Schleifspur verbunden sind, könnten eindeutig auf einen Windhund schließen lassen. Ein gesprenkelter Haufen, hell-dunkel durchsetzt, wäre einem Dalmatiner zuzuordnen. Und ganz feine, filigrane Hundewürstchen kämen sicherlich aus den Därmen zittriger Chihuahuas.

Doch so einfach ist es nicht, denn wie immer steckt der Teufel im Detail oder um im Bild und beim Thema zu bleiben: Viele Köche sind des Haufens Brei. 1.665 Millionen Euro geben Deutschlands Hundehalter jährlich aus, damit ihre Lieblinge ordentlich kacken und scheißen können. Dieser Milliardenbetrag teilt sich in zwei Untergruppen auf:

- 1.335 Millionen Euro für Heimtierfutter aus industrieller Fertigung (davon 1.204 Mio. Direktkauf und 131 Mio. Online-Versand)
- 330 Millionen Euro für selbst erstelltes, nicht industriell gefertigtes Futter

Hinzu kommen die unterschiedlichen Ernährungsphilosophien: rein vegan, schlicht vegetarisch, bunt gewürfelt, nur Dose, oder auch Trockenfutter, mit oder ohne Nachtisch in Form von Leckerlis?

Könnte also ein robuster Burg-Haufen doch von einem Dackel stammen, der fast nur mit Trockenfutter gemästet wurde? Und ist vielleicht der zarte Kringel mit ausgefransten Rändern das Produkt einer Deutschen Dogge, die konsequent mit selbst erstelltem Futter vegan zufriedengestellt wird? Woher stammt der schon leicht angegammelte, zerbröselte und durchgetrocknete Resthaufen, dem Maden und Schmeißfliegen neues Leben einhauchen? Kam er von einem Pekinesen, einer Bulldogge oder einem Englischen Setter?

Ein neues Muster musste her. Die Foto-Studenten fanden Hilfe in der nahegelegenen Kunsthochschule, in der sie ohnehin einige Gastseminare abreißen mussten. Die Zusammenarbeit war nicht einfach, denn die versnobten Kunststudenten verlangten neue Kriterien. Aufgelistet wurde die Hundescheiße nun nicht mehr nur nach den einzelnen Rassen und ihren Därmen plus Schließmuskel. Stattdessen ergänzten die Kunststudenten die Objektzuordnung um die Kategorie der Kulturepochen mit ihren hervorstechenden Merkmalen.

Sie erstellten ein schlichtes Raster: Antike, Mittelalter, Romanik, Früh-, Hoch-, Spätgotik und Neuzeit. Für die angehenden Fotografen waren das zwar böhmische Dörfer, aber nach dem Motto »Das kackt uns weiter« waren sie dabei.

Hundehaufen, die keine flachen oder kugeligen Formen vorweisen, sondern eher steil, erhaben und senkrecht gen Himmel zeigen, weil sie sicherlich mit viel Geduld und Ausdauer aus angemessener Höhe herabgelassen wurden, werden jetzt als dorische und ionische Hundesäulen klassifiziert. Sollten sie aber noch fest in der Form, jedoch gebrochen und nebeneinander auf dem Boden liegen und ein letztes Druckornament an der Spitze vorweisen, handelt es sich eindeutig um eine korinthische Hundesäule.

Die feinen, filigranen Hundewürstchen, die bei der ersten Zuordnung auf zittrige Chihuahuas schließen ließen, landen jetzt eindeutig in der Karolingischen Kunst

des Mittelalters. Hingegen sind zierlich abgeworfene, sich in der Luft verfestigende Hundepupse, die als kleine Kügelchen landen und sich verführerisch dem Erdboden anschmiegen, dem Rokoko zuzuweisen.

Flüchtige Flatschen mit ihren eleganten Schleifspuren, diesem goldgelben Schweif des schnellen Kotens, zeigen eindeutig die Merkmale des Jugendstils.

Zügig geht es weiter: Voller Haufen, an den Rändern füllig, rund und fest – Barock. Geordnete Wurst, eine neben die andere gelegt – Klassizismus. Ein geschlossener Haufenaufbau mit einer zentralen Endspitze – Naturalismus. Ein heller, lichtdurchlässiger und konturarmer Haufen – Impressionismus. Schiss- und letztendlich: Beim Dadaismus ist alles möglich.

Lieber Leser, ich möchte Sie durch diese Geschichte ermuntern, mit einem neuen Blick durch die Straßen zu gehen. Natürlich bleiben Tretminen ein Ärgernis für alle Bürgerinnen und Bürger. Aber bisweilen kann der Haufenblick helfen gelassener durch die vollgekackten Straßen einer Stadt zu gehen. Er kann die seit der Schulzeit längst vergessenen Kulturmerkmale auffrischen. Es ist nun an der Zeit, dass die Kulturdezernenten der Kommunen flächendeckend Kot-Piktogramme aufstellen und verteilen, damit auch der Blick von bildungsferneren Bevölkerungsschichten geschärft wird, und ihnen die einzelnen Kulturepochen nähergebracht werden.

Pimp Your Dog

Seinen Bart ließ sich mein Großvater nur einmal in seinem Leben stutzen: im Ersten Weltkrieg, weil sonst die Gasmaske nicht richtig abdichten würde. Später rührte er ihn nie wieder an. Pummi hingegen wurde einmal im Jahr das Fell geschoren. Wegen der Flöhe und damit es zum Winter hin wieder kräftig nachwachsen könne.

Hundesalons gab es damals noch nicht. Also musste Alfons Horatz die Arbeit besorgen. Horatz war der Frisör im Keller bei uns im Haus. Wir Kinder mochten ihn nicht. Und daher tat uns Pummi bei seinem Haarschneider-Termin auch irgendwie leid.

Würde er heute noch leben, wäre es mit einer einfachen Fellentfernung nicht getan. Und würde mein Großvater heute auch noch leben, würde er mit Pummi vielleicht ins Hamburger Dog-Center gehen, das soeben eröffnet wurde und bei dem ich als ausgewiesener Hunde-Journalist unter keinen Umständen fehlen darf. Ich möchte die neusten Wendungen im debilen Bereich der Hundebeauty nicht verpassen und mache mich auf den Weg, alles Neue aus der Welt des Hundewahnsinns zu dokumentieren:

Großer Bahnhof vor dem Hamburger Promi-Lokal »Bliff«. Alles, was in der internationalen Dogszene Rang und Namen hat, ist an die Alster gekommen, C-, D- und E-

Prominenz vom Feinsten: aufsteigende Hundezubehör-Designer, glamouröse Hundefriseure ebenso wie prominente Hundebesitzer, die nichts verpassen wollen. Selbst aus dem fernen Japan ist die renommierte Hundedesignerin Nahomi Noritsuke angereist, um ihrem Neffen Abaddon Noritsuke zur Eröffnung des ersten Hamburger Dog-Centers zu gratulieren.

Die Laudatio hält kein Geringerer als Hamburgs Erster Bürgermeister, geht dieser Tag doch auf eine Bundesratsinitiative der Hansestadt zurück. »Es war ein langer Weg. Aber wir haben ihn mutig beschritten. Und der Erfolg gibt uns recht«, so der Bürgermeister. Es war tatsächlich ein hartes Stück politischer Überzeugungsarbeit, das der Oberhanseat gegen den Widerstand der Tierschutzlobby durchzusetzen hatte, ging es doch um nichts Geringeres als die Novellierung des Tierschutzgesetzes. Genauer gesagt, des Paragraphen 6, in dem das Verbot zum »vollständigen oder teilweise Amputieren von Körperteilen« geregelt ist. Hamburgs jetziger Erfolg ist eine Ergänzung des § 6, Absatz 1 mit einer neuen Ausnahmebestimmung. Im alten Gesetz gab es nur zwei Ausnahmen vom Verbot: die Notwendigkeit einer tierärztlichen Indikation und die zweckgebundene Nützlichkeit von Jagdhunden. »Wir Sozialdemokraten wollen aber die gleichen Rechte und Chancen für alle. Ganz in der Tradition Bebels«, so der Politiker.

Folgerichtig wurde der Absatz um einen neuen Unterpunkt ergänzt: Das Verbot gilt nicht, »wenn der Eingriff im Einzelfall (..) dem Hund und seinem Besitzer zum allgemeinen Wohlbefinden dienlich erscheint.« In einer Protokollnotiz werden die Schritte zum Wohlbefinden näher erläutert: Vergrößern und Verkleinern; Strecken und Stauchen; Fellentfernung und Haarimplantation; Liften und Spannen; Spritzen und Absaugen.

Seine Laudatio beendet der Bürgermeister auf die ihm eigene verschmitzte Art: »Als kleiner Junge hatte ich eine Katze. Aber ich finde auch Hunde klasse. In diesem Sinne: Pimp your dog.«

Für den japanischen Tierarzt und Schönheitschirurgen Abaddon Noritsuke bedeutet das neue Gesetz endlich Rechtssicherheit. Jahrelang praktizierte er auf dem Feld der Hundeverschönerung nicht nur in einer juristischen Grauzone, sondern musste seine Praxis auch in einer dunklen Souterrainwohnung in Hamburg-St. Georg verstecken. Das »DC-St. Georg« war der Geheimtipp unter engagierten Hundefreunden, eine kynologische Anlaufstelle für alle, die ihre Lieblinge aufhübschen wollten, wenn sie nicht den rassetypischen Idealmaßen oder dem gängigen Schönheitsideal entsprachen. Entweder wollig, niedlich, knopfäugig. Oder aber breitbeinig, kraftstrotzend, gebissbetont. In den einschlägigen Kreisen war Noritsuke als absolute Koryphäe bekannt. Er war berühmt für sein sicheres Auge, der zurückhaltenden Beratung, für seine geschickten Hände und die unermessliche Zahl von Hōchōs und Tantōs, seinem Chirurgenbesteck, das er Stück für Stück nach Deutschland geschmuggelt hatte.

Eher zufällig war der japanische Arzt zu seinem jetzigen Beruf gekommen. Neben dem ganz normalen Studium der Tiermedizin an der Universität Tokio in Bunkyo jobbte er in der Hundeboutique seiner Tante Nahomi Noritsuke. Seit zehn Jahren entwirft die 52-Jährige Mode für Tiere, vor allem für Hunde. Individuelle Kleidchen, Höschen, Hemdchen werden passend für jeden Einzelhund entworfen, anprobiert und notfalls abgeändert. Und wenn es ein Yukat, ein leichter Baumwoll-Kimono für den japanischen Sommer sein soll, ist auch das kein Problem für die geschickte Schneiderin. Nur die feinsten Stoffe werden verwendet. Noritsukes Designstudio liegt in Daikanyama, einem der schicksten Stadtteile Tokios. Hier, zwischen Samt und Seide, reifte beim Neffen Abaddon seine bahnbrechende Idee. »Ich war im Kino«, erinnert er sich heute, »und sah *Das Schweigen der Lämmer*, diesen Film, in dem eine neue Frauenhaut geschneidert wird. Und abends lief im Fernsehen die US-Show *Pimp My Ride*. Und da war mir auf einmal klar, dass das zusammenpasst. Das war die Geburtsstunde von ›Pimp your dog‹. Das musste ich ausprobieren.«

Eifrig schaute er sich bei seiner Tante die handwerklichen Kniffe ab, lernte bei seinen Dozenten die filigrane Sezier- und Operationstechnik und belegte obendrein noch Kurse für 3-D-Animation, Mode, Beauty und Wellness. Nach dem Examen, das er selbstredend mit »summa cum laude« abschloss, zog es ihn in die Ferne. Nach einem für Japaner üblichen Umweg über New York und Paris landete er in Hamburg. Und hier endlich schließt sich heute der Kreis – nach all den Jahren, die der geschickte Arzt im Verborgenen hatte arbeiten müssen.

Jetzt kann Dr. med. Abaddon Noritsuke offen und

ehrlich seiner verantwortungsvollen Arbeit, seiner kreativen Berufung nachgehen. Im feinen Stadtteil Eppendorf hat er sein »Dog-Center Hamburg« eröffnet. Es ist eine weitläufige Praxis, ein Rundbau mit dezenten, unaufdringlichen Behandlungs- und Beratungsräumen. Die ganze Klinik strahlt japanische Zurückhaltung aus. Fengshui für Hund und Halter.

Üppige weiße Calla-Sträuße, dezent durchsetzt mit wenigen Blüten in zartem Rosa, dominieren den Eingangsbereich. Rosenblätter liegen verspielt auf dem Boden. Der zum Gast hin geschwungene Empfangstresen signalisiert dem Besucher Geborgenheit. Die Wartezonen sind mit exquisitem Hundespielzeug ausgestattet. Lounge Chairs in dezenten Farben beruhigen und machen das Warten zu einer reinen Erholung. Nicht nur Fachliteratur liegt aus, sondern Herrchen und Frauchen können entspannt in einer der vielen Hunde-Glanzzeitschriften blättern, bis der Arzt kommt.

Nach anfänglicher Skepsis bei Hamburgs niedergelassener Tierärzteschaft konnte Noritsuke jetzt auch die Veterinärmediziner für sich gewinnen. Seitdem arbeiten sie Hand in Hand. Der Japaner nimmt den Tierärzten eingeschläferte oder auf natürlichem Wege verstorbene Hunde ab, schlachtet sie aus und lagert brauchbares Material in seinem Kühlraum. Hier wird alles in praktischen Kühlboxen gesammelt und sorgfältig archiviert: Vorder- und Hinterläufe in allen Größen; abgetrennte Köpfe von Mops bis Mastino; Hundeschwänze von nicht kupierten Boxern, Dackeln oder Windspielen. Es ist eine echte Win-win-Situation. Die Tierärzte werden ihre Kadaver los, und der Schönheitschirurg hat einen wertvollen Fundus für Transplantationen jeglicher Art.

Und der »Pimpel«, wie sich Noritsuke bescheiden lächelnd selbst nennt, hat schon eine neue Idee, denkt ans Expandieren. Er will einen Hals-Nasen-Ohren-Arzt als Kompagnon in sein Dog-Center aufnehmen. Zusammen wird dann an einer optimalen Maxi- oder Minimierung des Bellvolumens eines Hundes, an den richtigen Höhen und Tiefen gearbeitet werden.

Doch damit nicht genug: Ein Anbau ist auch geplant, in dem dann mehrere Yoga-Lehrerinnen das »Dogya – Yoga für Hunde« sanft praktizieren werden.

Pummi oder der Nutzhund – Teil 1

Immer wieder wird von Hundefreunden und anderen Fanatikern das Argument vorgeschoben, Hunde seien nicht nur die besten Freunde des Menschen, sondern sie hätten auch eine soziale Bedeutung, erfüllten eine gesellschaftspolitische und soziokulturelle Aufgabe.

Zugegeben: Es gibt den Grubenhund, dessen mediale Vorreiterrolle Karl Kraus eingehend beschrieben hat. Oder den Bernhardiner mit seinem Rum-Fässchen (sic!), der schon in der frühkindlichen Phase mit putzigen Zeichnungen in den Mecki-Heften die kleinen Betrachter auf eine falsche Fährte zu locken versuchte. Auch der Hamburger Milchkarrenhund, der Milch- und oftmals auch Bierfässer durch die engen Gassen der Altstadt zog, gehört in die Rubrik der Nutzhunde. Festgezurrt in ihrem Geschirr an der Karrendeichsel, konnten sie nur Nützliches verrichten und keinen Schrecken verbreiten. Von der nützlichen Rolle der ausgedienten Karrenhunde, die 1870/71 vor Paris die Kanonen für den deutschen Generalstabschef Graf von Moltke in Position gezogen hatten, ist weiter hinten in der kulinarischen Essecke unter »Altsächsisches Kanonenfutter aus der Hundekeule« nachzulesen.

Auch Pummi war so eine Mehrzweckwaffe: Auf der einen Seite unterstützte er mit Gekläff und den gelegentlichen Beißattacken die Autorität des Großvaters, die wir

Kinder ihm gefälligst entgegenzubringen hatten, um dann aber auch wieder eine Lehrstunde in Staatsbürgerkunde und dem richtigen Umgang mit der Obrigkeit anzubieten:

Meine Mutter und ich saßen in der Küche dieser typischen Hamburger Altbauwohnung. Vorne zwei Zimmer, dann der lange Flur an der Küche vorbei und hinten die drei Zimmer, von denen eines mein Großvater mit Pummi bewohnte.

Klingeln an der Tür. Wer geöffnet hat, weiß ich nicht mehr. Vom Küchentisch aus konnten wir sehen, wie ein Hamburger Wachtmeister in seiner dunkelblauen Uniform, den Tschako, einem Vorläufer des Polizeihelms, akkurat auf dem Kopf, gesetzten Schrittes den Flur entlangschritt. Er hatte ein wohl sehr wichtiges Blatt Papier in der Hand. Vielleicht ein Vollstreckungsbescheid über nicht bezahlte Hundesteuer. Ich weiß es nicht, und in der Familie wurde über diesen Vorfall später nie gesprochen. Der Großvater schwieg aus Verärgerung, meiner Mutter war die ganze Angelegenheit nur peinlich.

Denn nachdem der Schutzmann an der Küche vorbei geschritten war, hörten wir nur ein Klopfen an der Tür meines Großvaters und die knarzend harsche Stimme des Polizeibeamten: »Herr Ackermann, ich habe hier ...« Der Rest war nicht verständlich und ging in einem audiovisuellen Comic-Strip unter: ein lauter Wortwechsel, wüstes Geschimpfe des Großvaters, verhaltenes Geknurre und dann lautes, aggressives Hundegebell und ein wütender Schrei; noch lauteres Gebell und noch hinterhältigere Knurrlaute; danach ein rennender Polizist auf dem Flur, flüchtend an der Küche vorbei, Richtung Wohnungstür; mit zerfetzter

Uniformhose; Pummi immer hinterher; Versuche durch Schläge mit dem Tschako, sich der zuschnappenden Bestie zu erwehren; erfolglos; keine autoritäre Würde mehr – eher das Entsetzen eines Staatsdieners in ramponierter Uniform vor dem zivilen Ungehorsam.

Erst Jahre später habe ich begriffen, warum ich auf Demonstrationen immer lautstark und voll innerer Überzeugung mitskandiert habe: »Ich bin nichts, ich kann nichts, gebt mir 'ne Uniform.« Doch zurück zu den anderen Nutzhunden:

Über die Rolle des Nuttenpudels hat der berühmte Kynologe Vitus F. Porschow ein ausführliches und kenntnisreiches Essay veröffentlicht. Die Kernaussage: »Nur im Reservat der zwischenmenschlichen Beziehung erfüllt der Pudel einen Auftrag.«

Auf einen anderen gesellschaftlichen Hunde-Auftrag stieß Porschow im Laufe seiner umfangreichen Recherchen: »Der Nuttenpudel absorbiert menschliche Emotionen wie kein zweiter Hund. Auch unter physischem Aspekt, wie ein Blick in die Geschichte der modernen Stadtreinigung zeigt, ist er sehr aufnahmefähig. So wurde dieser Gesell ob seiner Puscheligkeit noch bis in die fünfziger Jahre des vergangenen Jahrhunderts in Paris durch die Kanalisation gescheucht. Als weißer Pudel rein und nach erfolgreicher Reinigungsarbeit als schwarzer wieder raus.«

Eine Tradition des »Reinigungspudels«, die sich auch in anderen Teilen Europas wiederfinden lässt. Besonders hervorzuheben ist hier der schwäbische »Staubpudele«, der seinen gefeierten Einsatz nicht nur in den Kehrwochen begeht.

Wohl angeregt durch diese Beispiele, startete der deutsche Filmmogul Jörg Flubbe die Initiative des Popcorn-Hundes in seinen Schachtelkinos. Nach der konsequenten Einsparung seiner Filmvorführer durch eine umfassende Umstellung zum digitalen Abspulen und der bahnbrechenden Innovation der Verkaufs- und Sitzplatz-Automaten mit Touchscreen wollte Flubbe auch die unterbezahlten Reinigungskräfte loswerden. Seine Idee: Nicht mehr die illegalen Schwarzafrikaner werden nach Ende eines Filmes durch die Sitzreihen geschickt, um kriechend die Reste von Popcorn, Chicken-Nuggets und halbvollen Cola-Bechern einzusammeln, sondern abgerichtete Spürhunde kommen zum Einsatz.

Stolz präsentierte der dynamische Jungunternehmer einen kleinen, breitmäuligen Mops auf seiner Pressekonferenz in Hamburg: »Zugegeben, er wird immer fetter. Aber das ist sein Job. Wer täglich viermal Berge von Popcorn frisst, halbvolle Cola-Becher ausschlabbert und letzte Reste von Nachos abnagt, darf ruhig ein wenig zulegen.« Und weil der Mops ein staubsaugerförmiges Maul besäße und ständig nach Luft schniefend hechele, sei er der ideale Popcorn-Hund überhaupt. »Ein Chihuahua käme zwar mühelos in jede Ritze, würde sich in einem für ihn sehr großen Kino aber ständig verlaufen«, so die Einschätzung des Kinobetreibers. Und auch ein gut abgerichteter Schäferhund käme nicht in Frage, »denn«, so der smarte Unternehmer weiter, »ein Befehl wie ›Such unterm Sitz!‹ würde mit diesen zwei Schlüssel-Befehls-

worten die Rasse nur verwirren: Schnüffelnd macht er Platz vor jedem Kinostuhl und blickt nur blöd in die Gegend.« Nein, fasst der erfolgreiche Kinobetreiber diese neue Form der Reinigungsarbeit zusammen, der Mops sei schon der ideale Hund für die Kinoreinigung zwischen zwei Vorstellungen.

Allerdings berge dieses Qualitätsmerkmal auch die Gefahr, dass ein Popcorn-Mops nur für einen befristeten Arbeitszeitraum eingesetzt werden könne. »Wird er so fett, dass er nicht mehr durch die Sitzreihen passt«, so Jörg Flubbe auf Nachfrage, »dann ist er auch nicht mehr brauchbar und geht an den Verleiher zurück.« Dieser habe das Risiko zu tragen, denn im Hundegeberüberlassungsvertrag (HuGüV) sei ausdrücklich festgeschrieben, dass »jeder Subunternehmer für die körperliche Fitness seiner Arbeitskräfte« selbst Sorge zu tragen habe. Flubbes einfaches Sitzreihen-Motto: »Ist der Hund exakt in Form, passt er gut zur Kino-Norm.«

Die Frage des anwesenden Lokalchefs der *Hamburger Morgenpost*, einem bekennenden Veganer, »ob es sich bei diesem Hundeeinsatz nicht um einen Verstoß gegen das Tierschutzgesetz« handele, »denn immerhin müsse der Mops Unmengen nicht artgerechter Nahrung in sich hineinfressen«, wischt Flubbe locker beiseite: »Unsere Hausjuristen haben das genau untersucht und kein Problem festgestellt.«

So war es auch nicht die umtriebige Tierschutzlobby, die Flubbe einen Strich durch die Rechnung machte, sondern ein engagierter Gewerkschafter, der wider Willen zum Mops-Befreier wurde. Seit Jahren kämpft der ver.di-Tarifsekretär Sebastian Steinkamp für die Rechte der Beschäftigten in der Filmtheater-Branche. So manchen Tarifkonflikt hat er erfolgreich bestritten.

Mit dem Popcorn-Hund sah er die Arbeitsplätze der über 50 000 Kinobediensteten in Gefahr. Eher zufällig stieß er auf die EU-Verordnung 4711, die es untersagt, Haustiere »in Arbeitsverhältnisse zu überführen, wenn hierin eine Gefährdung ursprünglich abhängig Beschäftigter« besteht. Die Verordnung beruht auf dem legendären »Hansa-Theater-Fall« aus dem Jahre 1956:

In dem Hamburger Varieté-Theater trat der französische Dompteur Raimon Queneau mit einer neuen Pudel-Nummer auf. Queneau hatte diesen Dressurakt zuvor mit seiner ehemaligen Partnerin Jeanne auf der Bühne gezeigt. Jeanne musste – auf zwei Beinen stehend – Tennisbälle mit Nasen- und Kinnspitze jonglieren. Erst drei, dann vier, dann fünf. Dabei musste sie, angetan mit einem enganliegenden Badeanzug, durch einen brennenden Reif springen, den der große Dompteur schwang. Die Nummer war ein so großer Erfolg, dass Jeanne mehr Gage verlangte. Queneau lehnte ab, kündigte ihr und studierte die Nummer neu ein. Einziger Unterschied: Statt Jeanne jonglierte jetzt die Pudeldame Jannette die Bälle durch den Feuerreif.

Jeanne klagte. Der Arbeitsgerichtsprozess zog sich durch alle Instanzen und alle gaben der Kündigungsschutzklage von Jeanne recht. Dem Argument Queneaus, mit Jannette ein neues, künstlerisch höher einzuschätzendes Niveau auf die Bühne gebracht zu haben, denn immerhin träte die Pudeldame nackt auf, folgten die prüden Juristen nicht. Verbittert trat Raimon Queneau nie wieder vor einem deutschen Publikum auf.

Tarifsekretär Steinkamp drohte mit Klage und Kino-Flubbe gab klein bei. In der Folge verlor er sein ganzes geschachteltes Kinoimperium.

Mit ihm auf der Strecke blieben enttäuschte Mops-Besitzer wie Heidrun von Hauke. Sie ist auch heute noch sauer: »Jetzt hängt mein Mops Cleo wieder sabbernd an meinem Bein, statt etwas Sinnvolles zu tun.«

Typologie Hund und Halter

Eine große Ähnlichkeit hatten Pummi und mein Großvater nicht. Lediglich der zusselige Vollbart des Großvaters erinnerte stark an das strubbelige Fell und den zerzausten Schwanz des Hundes. Auch war ein Spitz kein typischer Hund eines Klempners. Sein Fell war gefleckt, daher war er für Reinigungseinsätze größerer Abflussrohre eher ungeeignet, konnten doch Reinigungsspuren nur schwer nachgewiesen werden. Hier eignete sich schon mehr ein kleiner Pudel: weiß rein und schwarz raus. Das Ergebnis war klar erkennbar. In ihren Wesenszügen ähnelten sich die beiden aber sehr. War der Großvater etwa bei Kindergeburtstagen oder über Weihnachten gut gelaunt, konnte der alte Herr sehr freundlich und nett sein. Wenn Pummi verträglich und somit nahezu zutraulich war, hatten wir ihn an der Leine, der Mitschleppschlaufe, und führten ihn bei uns im Garten herum. In seinen eigenen vier Wänden, seinem Zimmer, war der alte Herr aber der Bestimmer, der unerwünschten Eindringlingen wüst und laut schimpfend die Tür wies. Genau wie der kläffende Pummi, der die Revier-Störer gar nicht erst reinlassen wollte.

Heutzutage aber haben sich Hund und Halter sehr im äußeren Erscheinungsbild angeglichen. Auf jeder Hundewiese, auf jedem Hundetrainingsplatz lässt sich eine Herrchen-/Frauchen-Typologie unschwer erkennen und erstellen:

Die Szenerie ist alle Hundehassern wohlbekannt. Die klassischen Hundehalter werfen Stöckchen, immer und immer wieder. Und mit der gleichen dumpfen Ausdauer rasen Köter und Köterchen hinterher, schnappen sich Stock oder Stöckchen und apportieren brav schwanzwedelnd oder knurren besitzanzeigend. Feinere Damen und Herren wollen sich nicht die Hände beschmutzen und benutzen für ihre edlen Rassen Hundeball-Wurfgeräte. Der stumpfsinnige Effekt ist derselbe. Jung-dynamische Besitzer, die alle »irgendwas mit Medien« machen, schleudern poppige Frisbeescheiben, die in der Luft von ihren Ridgebacks oder Huskies erhascht und geschnappt werden.

Wissenschaftler der Universität Bonn haben Hundehalter nach einer umfangreichen Studie 2008 in drei Gruppen unterschieden:

- **Typ 1:** der prestigeorientierte, vermenschlichende Hundehalter (22 % der Hundehalter)
- **Typ 2:** der auf den Hund fixierte, emotional gebundene Hundehalter (35 % der Hundehalter)
- **Typ 3:** der naturverbundene, soziale Hundehalter (43 % der Hundehalter)

Der gesunde Menschenverstand hingegen kennt nur den unsozialen Hundehalter, der lediglich geringfügige Unterschiede aufzuweisen hat:

- **Typ 1:** der Kraftprotz
- **Typ 2:** der Modebewusste
- **Typ 3:** der Gefühlige

Ihnen allen ist ein ausgeprägter Grundinstinkt eigen, den sie immer und immer wieder mantramäßig postulieren: »Erst kommt mein Hund, danach lange nichts und dann vielleicht eine zu vernachlässigende Kreatur, der Mitmensch.«

Hund und Halter gleichen sich immer mehr im Aussehen an. Dieses Phänomen stellten die Psychologen Nicholas Christenfeld und Michael M. Roy von der University of California in San Diego in einem wissenschaftlichen Versuch fest. Die beiden hatten in einem amerikanischen Hundepark 45 Hunde und ihre Besitzer ausgewählt, vor unterschiedlichen Hintergründen fotografiert und diese Bilder ihren Studenten zur Zuordnung vorgelegt. Das Ergebnis: Bei den meisten passte der Deckel auf den Topf. Vor allem bei Rassehunden konnten Herrchen und Frauchen einwandfrei identifiziert werden. Bei der Auswertung stellten die Wissenschaftler obendrein fest, dass die Dauer der Gemeinsamkeit von Zwei- und Vierbeinern keine signifikante Rolle spielt. Der wissenschaftliche Schluss aus dem konsumorientierten Amerika: Gleich und Gleich gesellt sich gern, die Menschen suchen sich ihr Alter Ego gezielt aus, bevorzugen Hunde, die zu ihrem eigenen Typus passen. Bewusst oder intuitiv.

In der ersten Type, den »Kraftprotzern«, sind nicht nur breitschultrige Kampfhundbesitzer und stiernackige Aggros, die ihre Bestien *Devil*, *Bloodsucker* oder *Bushido* nennen, zu finden, sondern auch Sportler, Jäger und Beamte mit ihren Diensthunden.

Die Kampfhund-Besitzer sind die wahren Hooligans unter den Kraftprotz-Typen: Sie imitieren den gedrunge-

nen Gang ihrer Pitbulls bis zur Perfektion, zeigen die gleiche breite Nackenstärke und -starre und haben ein ebenso großes Maul wie ihre Köter. Ihr Lieblingsspruch über sich und ihn: »Er hat total nur Muskel- und Samensträngen. Genau wie ich, Digger.« Besonders häufig ist dieser Typus im Berliner Stadtteil Wedding anzutreffen, am Nettelbeckplatz, gleich neben dem »Magendoktor«, wo auch regelmäßig organisierte Kämpfe zwischen den Kampfmaschinen stattfinden.

Bei den Sportlern sind an erster Stelle die Jogger zu erwähnen, die ihren Hund als Takt- und Intervallgeber mitjoggen lassen. Deren Aufgabe ist es, immer auf gleicher Höhe zu laufen, zu hecheln und zu sprinten. Von diesen Haltern und ihren Hunden geht keine Gefahr aus, denn dem Jogger ist jede Hundertstelsekunde auf seinem langen Weg zum Nirgendwo wichtig. Streitereien mit anderen Passanten würden nur die Rundenzeiten verschlechtern. Steht allerdings einer der Mitmenschen auf der Piste im Wege, kann es zu schweren Kollateralschäden kommen.

Der Jogger und sein Mitläufer sind sportlich und durchtrainiert. Beide strahlen Selbstbewusstsein aus. Ihr gepflegtes, elegantes Aussehen wird nach dem Lauf sofort mit Handtuch, Kamm und Bürste im geparkten Van wieder hergerichtet und gestylt.

Die Jäger und Diensthundbesitzer unter den Kraftprotz-Typen sind selten auf Hundewiesen anzutreffen. Sie trainieren mit *Hasso*, *Rex* und *Senta* jeden Sonntagvormittag mit Härte und Ausdauer in den örtlichen Hundeschulen an Tunnelröhren, Hürden, Hindernisstangen und

Wippen. Die übrige Zeit streifen sie mit ihren Schäferhunden, Border Collies oder Münsterländern immer dicht am Waldrand durch Fauna und Flora. Wachsamkeit heißt ihr zweites Ich. Eine Wachsamkeit, die auf einer umfassenden Ordnung aufgebaut ist. Permanente Regeln bestimmen das Leben von Hund und Halter. Werden diese Regeln jedoch von Außenstehenden verletzt oder in Zweifel gezogen, kann der gesetzte Jäger und Dienstherr unvermittelt zu einem gnadenlosen Rächer auf zwei und mit vier Pfoten mutieren. Ein harsches »Fass« vom Halter genügt dem abgerichteten Partner, die Fang- und Reißzähne in Arm, Bein oder Kehle des Kritikers zu schlagen. In freier Wildbahn ist es sinnvoll, einen großen Bogen um diese eingespielten Paare zu schlagen, oder auf einen Baum zu klettern und den »toten Mann« zu markieren, bis das Patrouille-Duo außer Sicht- und Geruchsweite ist.

Beim zweiten Typus der Hundebesitzer, den Modebewussten, darf niemals vergessen werden, dass auch noch in dem kleinsten Kläffer irgendwo im Resthirn ein Killer- und Angriffsgen versteckt schlummert, das tückisch und unvermutet hervorbrechen kann, genauso wie die mondänen Frauchen unvermittelt zickig und kratzbürstig werden können. Bei den Modebewussten sind nicht nur Daisy (Pekinesin) und Elvis (Chihuahua) die strassbesetzten Ebenbilder ihrer Besitzerinnen. Auch ein langhaariger Afghane kann seiner Blondine aus dem Gesicht geschnitten sein, oder der gut gestriegelte Weimaraner hervorragend zum Burberry seines Besitzers passen. Gerade die Modebewussten suchen den Gleichklang der Hunde mit sich selbst. Ein klassisches Wau-Wau im Hier und Jetzt. Nicht selten, dass sie bei Starfriseuren wie Udo Walz oder Marlies Möller mit ihren Lieblingen vorfahren, auf professionelle Typberatung selbstbewusst verzichten und sofort das gleiche Waschen-Legen-Tönen für sich selbst und ihre verzogenen Lieblinge verlangen. Danach geht es dann um die Ecke zu Koko von Knebel oder einer anderen dieser versnobten Hunde-Boutiquen, um weiter am gemeinsamen Outfit zu arbeiten. So degeneriert wie die kleinen und großen Luxus-Tölen, so abgeschottet und vorsichtig auch ihre Besitzer auf den öffentlichen Kotwiesen. Fotografieren verboten! Ansprechen untersagt! Unbekanntes Fremdfutter absolut tabu!

Ein asoziales Verhalten ist dieser Peergroup eigen: Mops tollt nur mit Mops, höchstens ist noch ein Wettrennen mit einer französischen Bulldogge zugelassen. Die Marketing-Direktorin parliert nur mit ihresgleichen, vielleicht auch noch mit einer rangniederen Marketenderin aus der Werbebranche. Diese vierbeinigen Prestigeobjekte und ihre versnobten Eigner bedeuten in der Öffentlichkeit prinzipiell keine Gefahr, schotten sie sich doch aus Prinzip ab. Sie springen sofort in die Handtäschchen der ihren, sollte sich ihnen jemand mehr als zehn Meter nähern. Der kleine Pisser hat Angst, dass auf ihn getreten werden könnte. Der oder die piselige Besitzerin befürchtet sofort, dass der Stammbaum des Edlen von Kotfels entwendet werden könnte, oder gar der Edle himself. Doch kaum dreht sich der arglose Zeitgenosse wieder um, geifern die Besitzer hinterher und ihre Zöglinge versuchen hinterhältig, einen Biss in die Wade oder zumindest Ferse landen zu können. Hier ist also stets Vorsicht geboten!

Die dritte Gruppe, die Gefühligen, sind die schwierigsten und damit auch die nervigsten Typen unter den Hundehaltern. Ständig beteuern sie, dass ihre Köter nur spielen wollen, ganz, ganz lieb seien, Kinder mögen, ohne Gefahr gestreichelt werden können und allesamt ei-dei-dei seien. Hund und Halter, Macker und Muskelpaket, Frauchen und Hündchen haben sich durch das lange Zusammenleben angeglichen. Die anhänglich-abhängigen Hunde haben die Gewohnheiten ihrer debilen Besitzer angenommen und umgekehrt: Dackel schieben den Rollator ihres greisen Besitzers, Boxer schleppen Hüte ihren kupierten Herrchen hinterher und räudige Terrier springen süße Nutten-Pudel an. Dicke Männer ziehen ihre verfetteten Kurzbeiner auf formgerechten Skateboards durch die Gegend, Penner lassen ihre Mischlinge an der Kornflasche lecken und ehemalige Studienräte sitzen mit ihren Retrievern, zusammen die *Zeit* lesend, stundenlang auf Parkbänken.

Untereinander pflegen die drei Gruppen kaum Kontakt, begegnen den anderen, artfremden Typen eher mit Misstrauen und Verachtung. Einig aber sind sie sich in einem Punkt: Die Hundesteuer ist zu hoch und sollte wie in anderen europäischen Ländern ganz abgeschafft werden. Zumindest aber sollte sie für Hunde und ihre Belange verwendet werden und nicht irgendwelche Haushaltslöcher stopfen.

Pummi inne Pott
oder der Nutzhund – Teil 2

Wenn mein Großvater richtig gute Laune hatte, sperrte er Pummi in seinem Zimmer ein und kam zu uns in die Küche. Und er erzählte natürlich vom Krieg und der Nachkriegszeit. Vom Ersten Weltkrieg, selbstredend. Damals war er als junger Nationalist begeistert gegen den Franzmann gezogen. Über die Niederlage sprach er nie, lieber schimpfte er über das rote Pack, das sich nach Kriegsende auch in Hamburg breitmachte.

Eine seiner Lieblingsgeschichten war die KPD-Verschwörung bei den Hamburger Sülzeunruhen, die er zusammen mit der Reichswehr, das Gewehr in der Hand, niederzuwerfen half:

Im Juni 1919 – in Hamburg herrschte auch noch nach Kriegsende großer Hunger – kam durch einen Zufall der Fleischskandal des Sülzeherstellers Jacob Heil ans Licht. Zwar warb er für »Sülze von größtem Nährwert und delikatem Geschmack«, verarbeitete aber undefinierbares Gammelfleisch in seiner Fabrik. Schnell verbreitete sich in der Stadt das Gerücht, dass in der Heil'schen Fleischfabrik Hunde, Katzen und Ratten zu Sülze verarbeitet werden. Die Fabrik wurde gestürmt. Angestellte und Besitzer wurden verprügelt. Heil wurde in die Alster geworfen. Es war der Auftakt zu den heftigsten Hungerprotesten, die die Stadt je gesehen hatte. Der Senat sprach von einem Revolu-

tionsversuch der KPD und bat Berlin um Hilfe. Die Reichswehr besetzte die Hansestadt und knüppelte den Aufstand nieder. Unterstützung erhielt sie vom »Freiwilligenbataillon der Bahrenfelder« des Freikorps. Einer von ihnen war mein Großvater.

Er hatte durchaus Verständnis für die protestierende Menge, wäre da nicht die KPD gewesen. Denn eines ging gar nicht: Hunde zu Sülze verarbeiten. Der Großvater: »Min Pummi inne Pott, nä un nienich!«

Diese Einstellung mag zwar in Norddeutschland sehr verbreitet gewesen sein, in anderen Gebieten des Reiches und der jungen Republik aber waren Hundegerichte durchaus willkommen auf den Tischen der Bevölkerung. In einzelnen Archiven zum Reichsfleischbeschaugesetz sind stattliche Zahlen zu finden: Zwischen 1904 und 1924 wurden allein in München, Chemnitz und Breslau ganze 42 400 Hunde zum Verzehr geschlachtet. Hundegerichte, einst als Delikatesse der Bourgeoisie vorbehalten, waren in der Mitte der Bevölkerung angekommen.

Erst 1986 gab es eine gesetzliche Änderung, die Hundeschlachtung zur Fleischgewinnung und auch zum Verzehr verbot.

Aber da war mein Großvater schon lange tot. Und Pummi auch.

Dieses Verbot gilt aber nicht in allen europäischen Ländern. Löbliche Ausnahme: die Schweiz. Also nix wie hin – zu einem Test-Essen in das Restaurant »Vier Pfoten« bei Basel:

»Vier Pfoten« und ein Gaumenschmaus

»Tach auch, grüß Gott und grüezi. Ich bin die Gudrun.« Resolut stemmt die blonde Frau die Fäuste in die Seiten und lächelt entwaffnend. Die Botschaft kommt rüber: Bist du nett zu uns, dann sind auch wir sehr nett zu dir. Egal, wo du herkommst. Und zur Einstimmung sprudelt es aus ihr heraus, während sie die Gäste durch die gemütliche Schankstube zu einem freien Tisch führt: »Ich komm aus Büsum. Das ist ganz oben in Norddeutschland. Bei den Krabben.«

Doch von friesischer Fischerromantik keine Spur. Unter der Decke hängen keine zerrissenen Fischernetze mit ihren grünen Schwimmkugeln, in denen Seesterne, Schwertwale und vereinzelte Krabben unsortiert herumliegen. Keine blau-weißen Kacheln mit Segelschiffen in brausender See verzieren die Wände. Weder Miniatur-Leuchttürme noch Reusen oder Angeln stehen in den Ecken verstaubt herum. Auf dem Tresen ist kein weiß-rotes Schiffchen für Spenden zur Rettung von Schiffbrüchigen gestrandet. In der Luft liegt nicht die abgestandene Mischung aus Tabak, Priem, Korn und Lebertran, sondern eine frische Brise gesunder Alpenluft erfüllt den Raum.

Zeit, sich zu setzen. Das »Vier Pfoten« in Bad Rothenfluh bei Basel ist mehr als irgendeine beliebig rustikale Landgaststätte. Es ist ein wahres Erlebnis der Gaumenfreude für Gourmets. Denn hier wird noch die traditionelle Schlachtung vom Kanton Basel-Landschaft und der benachbarten Aargau und Jura in Ehren gehalten. An den Wänden Gemälde von archaischer Fleischgewinnung, von altertümlichen Jagdszenen: Männer hoch zu Ross hetzen einen stattlichen Berner Sennenhund über üppige Wiesen; betagte Jäger haben sich an einem alpinen Hang in Position gebracht; flinke Skifahrer kesseln einen Bernhardiner im Schnee ein; Fischer holen im Bieler See ihre Netze mit ermatteten Schwimmhunden ein.

An den Wänden hängen Hinterläufe, Vorderpfoten und Ruten, einzelne Fangzähne, ganze Gebisse oder ausgestopfte Hundsköpfe. Gusseiserne Fangeisen in jeder Größe sind auf den Fensterbänken zu bewundern, die verschiedenen Fangmechanismen zu studieren.

Die Besucher des Restaurants »Vier Pfoten« kommen von nah und fern in diesen urigen Gasthof im schweizerischen Dreiländereck. Unter den Ausländern: vor allem Deutsche; aus dem nahen Lörrach oder fernen Berlin. Gudrun ist stolz auf die bunte Vielzahl ihrer Gäste.

Seit nunmehr sieben Jahren betreibt sie zusammen mit ihrem Mann Henning diesen Geheimtipp der kulinarischen Gemütlichkeit. Zufrieden sitzt der Wirt auf der Bank des grünen Kachelofens in der Ecke des Schankraumes und überdenkt in seiner besinnlichen Art die vergangenen Jahre.

»Es war ein langer Weg, der uns hierher führte. Schuld waren nicht nur die Holländer mit ihren Schleppnetzen. Den Ausschlag haben die neuen EU-Richtlinien mit ihren engmaschigen Vorschriften gegeben.« Henning Fedder musste seinen Krabben- und Seehundskutter verkaufen und schloss sich der RTL-Auswanderungsbewegung an. Zusammen mit Gudrun und den beiden Jungs Jan und Hauke wagten sie den Schritt von Nord nach Süd und landeten gleich hinter der schweizerischen Grenze in Bad Rothenfluh. In das Anwesen in dem stillen Seitental haben sie sich auf den ersten Blick verliebt. »Gegensätze ziehen sich an«, zwitschert Wirtin Gudrun dazwischen, ein Tablett in der Hand: »Jetzt erst mal 'nen Klaren, also einen Obstler, für euch.« Die blonde Deern ist wie Ebbe und Flut im Alpenvorland.

Der Hof mit seinem Gasthaus stand schon länger leer; der Kauf war ein Schnäppchen; die Renovierungsarbeit dagegen schon etwas happiger. Dennoch hat es sich gelohnt, denn die »Vier Pfoten« konnten auf eine lange Tradition zurückblicken. »Ich mach's mal kurz«, verspricht Henning Fedder. »Die alten Besitzer, ihre Eltern und Großeltern hatten sich über Jahrhunderte auf die regionalen Hundegerichte spezialisiert. Lange bevor diese Slow-Food-Bewegung ein Hype wurde. Und die Rezepte lagen alle hier unter der Ofenbank.« Ein wahrer Schatz an Brat-, Back- und Kochanleitungen für Hundefleisch-Spezialitäten der nahen und ferneren Umgebung.

Als ein in sich abgeschlossenes Karree schmiegt sich das Anwesen an den romantischen Berghang. Vorne, zur Straße hin, das Haupthaus mit Restaurant und Schankwirtschaft, den Gästezimmern und der Rezeption. Rechts daneben die Wirtschaftsräume mit Küche, Lagerraum und Gerümpelkammer plus Einliegerwohnungen für die Angestellten. Links das Wohnhaus für die vierköpfige Familie. Im hinteren Bereich befinden sich die Stallungen mit dem Schlachtvieh. An diese schließen sich die weiten Auslaufwiesen, die Hundekoppeln an.

»Gutes Steak braucht viel Bewegung. Das ist bio pur. Glückliches Fleisch von glücklichen Hunden«, so Henning Fedder in seiner ruhigen norddeutschen Art. »Das ist wie mit den Fischen in der See. Die tummeln sich auch ständig im Hin und Her der Wellen.«

Gegen Abend wird das Hundevieh von den beiden Fedder-Buben dann wieder in die behaglichen Ställe getrieben. Auch hier wird auf artgerechte Tierhaltung großer Wert gelegt: geräumige Einzelboxen, kein karger Zementfußboden, sondern Holzdielen mit farblich unterschiedlichen Kuscheldecken. Ob sie die gewisse Zukunft, die unausweichliche Schlachtung der Hunde nicht bedrücke, will ich von Jan und Hauke wissen. »Gar nicht«, sagen sie verwundert. »Das ist doch auf den anderen Höfen mit ihren Gänsen, Schweinen und Kühen auch nicht anders.« Beim Schlachten sind sie aber lieber nicht dabei.

Geschlachtet wird das ganze Jahr. Ernst Hagen heißt der Hundemetzger der umliegenden Kantone. Aus dem vorarlbergischen Lustenau hat es ihn nach Basel verschlagen. In seiner Heimat führte er in vierter Generation die »Lustenauer Hundemetzgerei«. 2005 musste der traditionsreiche Familienbetrieb jedoch schließen. Im Artikel 2 der Lebensmittelverordnung wurde ein »Verbot für den kommerziellen Verzehr« mit Hundefleisch festgelegt. Der stämmige Vorarlberger sattelte auf »normale« Metzgerei um und eröffnete in Basel sein neues Geschäft. Die Hundeschlachterei betreibt Hagen nur noch als Hobby, das aber sehr intensiv. Eine Ausnahmeregel macht es möglich: »Das Gesetz gilt nicht für Lebensmittel und Gebrauchsgegenstände, die für den Eigenverbrauch bestimmt sind.« Auf jedem Hof hat er – »nur für den Dienst- und Privatgebrauch« – einen oder mehrere Hunde in den Stallungen stehen.

Die Gesetzeslücke machten sich auch die Bad Rothenfluher Neu-Gastronomen Fedder zunutze. Mit Gleichgesinnten gründeten sie den Verein »Vier Pfoten und ein Gaumenschmaus« und erklärten ihren Gasthof zum Vereinslokal. Das Vereinsziel ist klar und eindeutig: Legalize it – Hundefleisch für alle! Für jeden neuen Gast liegt in der Speisekarte eine Beitrittserklärung zur Unterschrift bereit. Ihr Beitritt macht die Unterzeichner zu Teilhabern am Vereinsvermögen – den Masthunden. Nur vollwertige Mitglieder dürfen die vollwertigen Gerichte verspeisen. Kinder essen – offiziell – von den Tellern ihrer Eltern.

Gezahlt wird für den Hundeschmaus nicht. Allerdings ist in der Speisekarte für jedes Gericht eine Spendenempfehlung abgedruckt. Die Spendenquittung des Vereins gibt es dann bei Gudrun an der Kasse. Mit einem dicken Aufdruck aus der alten Heimat: »Wat den Eenen sin Uhl, is den Annern sin Nachtigall.«

Die Speisekarte

Getreu des Vereinsgedankens handelt es sich nicht um eine schlichte Aneinanderreihung von Speisen und Kosten/Spendenempfehlungen. Die Speisekarte führt darüber hinaus in die Geschichte des Hundeverzehrs ein – von früheren Gebräuchen bis zur heutigen Nutzung. Über die Jahre hat sich das Angebot geändert. Im Vordergrund stehen jetzt nicht mehr die schweizerischen Spezialitäten, sondern Karte und Angebot sind internationaler geworden.

Jedes einzelne Gericht ist mit einer kleinen, kulturhistorischen Schlemmereinführung versehen, die die jeweils regionale Besonderheit und Entstehung erläutert.

Natürlich schweigt der plietsche Gastwirt über die Zubereitung und die genauen Zutaten der einzelnen Gerichte wie ein Seemannsgrab, aber in mühseliger Recherche habe ich die Rezepte zusammentragen können. Für Hobby-Hundeköche sind sie im Nachwort »Hintendran« dokumentiert. Hier aber die Erläuterung zu den Gerichten:

Das Vorwort: Einführung zum Nährwert

Ursprünglich ist Hundefleisch ein klassisches Wintergericht, denn ihm wird eine wärmende Wirkung zugeschrieben. Doch je feiner und raffinierter die Zubereitung, desto saisonunabhängiger ist der Genuss. Hundefleisch hat eine rosa Färbung und liegt geschmacklich zwischen Rind und Wild. Es kann gekocht oder gegart, geschmort oder gebraten, gegrillt oder frittiert werden. Es eignet sich für feine Suppen, delikate Vorspeisen und deftige Hauptgerichte. Auch als Brotaufstrich, egal ob Wurst, Pastete, Schinken oder Salami, ergänzt es ausgezeichnet Frühstücks- oder Abendbuffet.

Der Hund ist ein idealer Nahrungslieferant, alles an ihm kann verwertet werden: Das reine Fleisch als Filet, Fleisch mit Fett für die Spieße, die Knochen in die Suppe, das Blut zur Wurst.

Der koreanische Historiker und Ernährungswissenschaftler Professor Yong-Geun Ann erläutert in seinem Standardwerk *Koreaner und Hundefleisch* die Vorzüge des Hundefleischverzehrs: »Der Charakter von Hundefleisch ist warm, mit salzigem Geschmack. Es beeinflusst die Verdauung positiv, die inneren Organe, es stärkt den Magen, wärmt die Knie und die Hüften, hebt die Lebenskraft der Männer, wenn ihr Körper müde und abgearbeitet ist, es hilft, den Körper fit zu halten und unterstützt den Blutkreislauf. Qualitativ ist das Fleisch von Hunden mit gelbem Fell das beste, gefolgt von dem mit schwarzem und weißem Fell. Das Fleisch von gelb gefärbten Hunden ist gut für Männer, das von schwarz gefärbten gut für Frauen.«

Frisches Hundefleisch ist auch im benachbarten Deutschland unter der Hand in allen Regionen erhältlich. Geheimtipps werden, ähnlich wie bei Pilzsammlern, von einer Generation zur nächsten übergeben. Sogenannte Flüsterhöfe machen unter Kennern und Liebhabern die Runde. Leichter haben es die Süddeutschen, die sich hier in der nahen Schweiz eindecken können. Denn in unserer Alpenrepublik ist Schlachten für den Eigenbedarf und der Verzehr in trauter Familienrunde nicht verboten. Das frische Fleisch sollte vor der Zubereitung etwa einen Tag möglichst in der Sonne getrocknet werden. Scheint sie nicht, tut es auch eine abgedeckte Schüssel an einem kühlen Platz.

Grundsätzlich gilt das alte chinesische Sprichwort: »Der Hund gehört nicht unter, sondern auf den Tisch.«

DIE SPEISEN:

Schäferhund-Bries auf feinen Cockerspaniel-Ohren

Diese etwas aufwendige Vorspeise wird deutschen Nationalsozialisten zugeschrieben, die nach dem Zweiten Weltkrieg über die Rattenlinie nach Argentinien flüchteten. Allerdings servierten sie das Bries nicht auf krossen Cockerspaniel-Ohren, sondern als dummdeutschen Kalauer auf frittierten Jungratten-Hälften. Die exquisite Verfeinerung mit den Cockerspaniel-Ohren geht auf eine Abwandlung der spanischen Tapas »Orejas a la plancha« (gebratene Schweineohren) zurück. Da Bries eine Wachstumsdrüse unterhalb der Kehle ist, die mit zunehmendem Alter eintrocknet und verschwindet, ist es wichtig, nur Bries von Welpen zu verwenden.

Chau-Chau blau

Der Chow-Chow stammt aus China und ist ein typischer Gebrauchshund. Im Norden des Landes wird er als Schlittenhund eingesetzt, im Süden hingegen als schmackhafte Speise goutiert. Besonders beliebt ist er in der Provinz Kanton. Sagte doch schon Konfuzius: »Die Kantonesen essen alles, was vier Beine hat, außer den Stühlen, auf denen sie sitzen.« Chow-Chow-Fleisch eignet sich nicht nur für leckere Vorspeisen wie Chau-Chau blau, sondern auch für schmackhafte Hauptgerichte, zubereitet mit knackigem Gemüse im Wok. Chinesische

Sprachgelehrte gehen sogar von einer steilen These aus: Da der Chow-Chow im Süden Chinas auch Wonk genannt wird, ist es für sie nur einleuchtend, dass so das kantonesische Wort Wok entstand.

Weil Europäer das »w« in Chow-Chow nicht richtig aussprechen können, wählten chinesische Restaurantbesitzer für diese Vorspeise entweder die beliebte Ziffer »173« oder einfacher die Bezeichnung »Chau-Chau blau«.

Altsächsisches Kanonenfutter aus der Hundekeule

Bei der Belagerung von Paris im Deutsch-Französischen Krieg 1870/71 lag die Versorgung der preußischen Truppen fest in sächsischer Hand: Freiwillige, die sogenannten Dresden-Söldner, hatten sich in der Feldküche verdingt. Im 19. Jahrhundert war der Beruf des Hundeschlächters in Sachsen nicht nur ein weitverbreitetes, sondern auch ein ehrbares und lukratives Gewerbe. In Deutschlands Süden wurde Hundefleisch zu festlichen Gelegenheiten als Delikatesse hoch geschätzt. Doch mit Ausbruch des Krieges ging die Nachfrage rapide zurück, und viele Hundeschlachtereien mussten schließen. Ihre Stunde kam bei der Belagerung von Paris: Der Proviant war knapp, Preußens Soldaten hungerten. Der Chef des deutschen Generalstabes Graf von Moltke unterbreitete den sächsischen Hundeschlächtern das verlockende Angebot der Pariser Feldküche. Denn der große Stratege hatte Hunde im Überfluss. Diese hatten im engen Gürtel um Paris die schweren Feldgeschütze, Haubitzen und Kanonen in ihre letzte Position gezogen. Als Kanonenhunde waren sie jetzt überflüssig, aber immer noch gut für die Verpflegung der Soldaten. Die Sachsen sagten zu und prägten für die fulminante Verarbeitung der kräftigen Hunde den Begriff »Kanonenfutter«.

Tipp: Auch heute nur die Keulen von besonders kräftigen Hunden zubereiten.

Argentinischer Dackelrücken

Mit dem Dackelrücken setzte ein heißer Disput unter Kynologen und Ernährungswissenschaftlern ein, denn der Dackel sei keine originäre argentinische Hunderasse, so die Mehrheitsmeinung. Ein schwarzes Loch am Ende der Hundefährte rund um die Welt tat sich auf. Aber nur, bis die renommierte Historikerin Gertrude Reiner der Universität Jena auf eine neue Spur stieß. In alten Kirchenbüchern der thüringischen Ortschaft Goldlauter nahe Suhl wurden die »gottgefälligen Hundebratwürste« wohlwollend erwähnt, eine mit 17 Gewürzen in der örtlichen Bäckerei hergestellte Fastenspeise. Der Bäcker, ein zugewanderter Mennonit aus dem mährischen Nikolsburg, flüchtete dann aber während der damaligen Mennoniten-Verfolgung aus Goldlauter. Seinen Dackel nahm er mit. Sein Weg (des Bäckers) und der seiner zahlreichen Kinder (des Dackels) war der Weg aller vertriebenen Mitglieder der radikal-reformerischen Täuferbewegung: Norddeutschland, St. Petersburg, dann über Sibirien und Kanada nach Nordamerika. Schließlich über Mittelamerika weiter in den Süden bis nach Argentinien und Paraguay. Überall blieben welche von ihnen hängen und siedelten sich an. Und immer dabei als Wegzehrung: die Nachkommen des Dackels aus der thüringischen Ortschaft Goldlauter.

Er ist das Missing Link von der Thüringer Hundebratwurst zum Argentinischen Dackelrücken.

Wie alles Hundefleisch ist auch Teckelbraten fett- und kalorienarm und bringt nur 262 kcal pro Gramm auf die Waage.

Flambierte Husky-Pfoten mit Gorgonzola

Verbürgt ist, dass der Polarforscher Roald Amundsen sein Expeditionsschiff *Maud* für die Erkundung der Nordostpassage in der Hafenstadt Tromsø mit Proviant versorgte, darunter auch weitaus mehr Schlittenhunde als für den arktischen Notfall notwendig. Doch Amundsen hatte aus seiner erfolgreichen Expedition zum Südpol die lebensnotwendige Erfahrung mitgebracht, dass Schlittenhunde nicht nur als Zugtiere von Nutzen seien. Würden sie nicht mehr gebraucht, konnte man sie schlachten. Das Fleisch diente ihm als Proviant, verhinderte Skorbut und lies ihn in der Antarktis über seinen britischen Rivalen Scott triumphieren. Der Verzehr von Hundefleisch gehört also direkt zu Schweden. Ein großes Geheimnis aber ist es immer noch, wie diese köstliche Nachspeise, dieses vorzügliche Dessert nach Norditalien gelangte. Selbst Mathematiker haben sich des Themas angenommen und sind zu einem abenteuerlichen Schluss gekommen, der durchaus plausibel ist: Marco Polo (Venedig) reiste im 13. Jahrhundert einmal nach China und legte eine Strecke vom 7890 km (Luftlinie) zurück. Die Strecke Peking – Nordkap beträgt 7024 km (Luftlinie). In diesem annähernd gleichschenkligen Dreieck sind Nordkap und Venedig nur einen Welpensprung weit entfernt. Eine in der Mathematik durchaus zu vernachlässigende Größe, die eine gelungene Symbiose von Husky und Gorgonzola als Endprodukt aufweisen kann.

Das Nachwort: Der Weg allen Fleisches

Immer noch wird sie ignoriert von Tierschutzvereinen, PETA und Veganern – die zweite, die andere Weisheit der Cree-Indianer:

> *Erst wenn das letzte Feld gerodet,*
> *der letzte Fisch vergiftet,*
> *der letzte Büffel gefangen ist,*
> *werdet Ihr feststellen,*
> *dass man Hunde auch essen kann.*

Es passt nicht in ihr Weltbild und dennoch: Quer durch die Kulturkreise dieser Welt und längs der Zeitachsen der Epochen ziehen sich wie »eine steile Rute« (China) oder ein »starker Widerrist« (Winnetou) die Cucina canis. Was bisher nur als touristische Folklore aus Asien, Nord- und Südamerika und von den Fidschis kommuniziert wurde, hat nun eine wissenschaftliche Grundlage. Eine interdisziplinäre Gruppe von Ernährungswissenschaftlern, Historikern und Ethnologen der Universität Gießen hat unter dem Arbeitstitel »Der Weg allen Fleisches« eine grundlegende Untersuchung vorgelegt. Die Wissenschaftler sind den Fragen nachgegangen, wie Hunderezepte ihren Weg rund um den Globus fanden und sich regional verändert haben.

Ausgangspunkt für den Forschungsansatz war das alte China, in dem es das Sprichwort »Der Hund gehört nicht unter, sondern auf den Tisch« gibt. Hinzu kam eine Notiz von Marco Polo in einem seiner frühen »Briefe an den Canal Grande« von der wirkungsvollen Kraft der chinesischen Hundepeitsche:

> »狗鞭 gou bian/Hundepeitsche nennt man in China den getrockneten Hundepenis des Haushunds (*Canis lupus familiaris*) zusammen mit getrockneten Samenleitern und Hoden. Die Droge wirkt mit ihren männlichen Hormonen über das Nieren-Yang 补肾温阳 (bu shen wen yang) gegen Impotenz: 壮阳 (zhuang yang) bei Männern. Die chinesischen Ärzte verordnen die Droge zur besseren Wirkung gern in Verbindung mit Mufflon-Hoden 盘羊睾丸 (pan yang gao wan), die über die Meridiane des Nieren-Yang eine zusätzliche aphrodisierende Wirkung entfalten.«

Fußend auf diesen antiken Funden konnten die Wissenschaftler den Weg des Hundefleisches fließend aufzeichnen: Von China (klassisch: Bello Chop Suey) gelangten Gerichte und Rezepte über die Behringstraße nach Nordamerika zu den Cree-Indianern (Quelle: 2. Weisheit). Noch heute erfreuen sich die Nordamerikaner an jeder Straßenecke am traditionellen »Hot Dog«. Anderen Quellen zufolge gelangte der Hot Dog auf direktem Weg aus Coburg via Frankfurt und Hannover nach New York:

1487 erfand der Coburger Metzger Johann Georg Hehner die Speiseform »Würstchen mit Brötchen«, die der Vorläufer des Frankfurter Würstchens (1852) war. Wikipedia weiß weiter zu berichten: »Der Hot dog wurde vom deutschen Migranten Charles Feltman 1867 in Coney Island in seiner heutigen Form kreiert. Der Hannoveraner kam 1856 in Brooklyn an und wurde zunächst Kuchenverkäufer. Danach steckte er eine Grillwurst in ein Brötchen und beauftragte einen Stellmacher, ihm einen Handkarren mit Herdplatte zu konstruieren, von dem aus er dieses Fastfood verkaufte. Im ersten Jahr soll er über 4000 Hot dogs verkauft haben. Der enorme Erfolg ließ ihn 1871 das ›Feltman Restaurant and Beer Garden‹ als stationäres Restaurant eröffnen, 1901 vergrößerte er es zum ›Feltman's German Gardens‹ mit 1200 Bedienungskräften. Er hinterließ nach seinem Tod ein beträchtliches Vermögen von 1 Million Dollar.«

Wie dem auch sei, der Hot Dog fand dann – fast unverändert, nur leicht würziger – seinen Weg als »Perro caliente« nach Mittel- und Südamerika. Während Mexikaner & Co kaum etwas zur Verfeinerung des hündischen Speiseplanes unternahmen, waren die Südamerikaner weitaus kreativer. Nördlich des peruanischen Lima kam der »Chihuahua con salsa« auf den Speiseplan und im benachbarten Argentinien der »Argentinische Dackelrücken« auf den Tisch.

Wie aber die Chinesen als Ausgangspunkt in dieses Bild passen, wann, wo und ob sie überhaupt dazugestoßen sind, das konnten die Wissenschaftler der Gießener Universität nicht abschließend klären. Wenig hilfreich war dabei der augenzwinkernde Hinweis aus dem benachbarten anthropologischen Institut, doch einmal mögliche Zusammenhänge zwischen thüringischen Schlitzohren und chinesischen Schlitzaugen zu erforschen.

Neulich auf der Hundewiese

Pummi war nie auf einer ausgewiesenen Hundewiese »spielen«. Die gab es damals im zerbombten Hamburg nicht. Es gab Trümmergrundstücke, die die Hunde vollkacken konnten, und dazwischen vereinzelt verwilderte Wiesengrundstücke, auf denen die Hunde herumtoben und ebenfalls ihren täglichen Kot deponieren konnten. Mein Großvater mied diese Wiesen, denn sie waren ihm zu anstrengend. Pummi hörte auf kein Kommando. War er einmal vom Halsband befreit, rannte er nach Lust und Laune durch die Gegend und ignorierte ein »Pummi – Komm – Jetzt« permanent aus Dummheit oder Widersinn. Oft musste mein Großvater stundenlang warten, bis der Hund wieder freiwillig zu ihm kam. Zu Hause dröhnte er uns dann in der Küche die Ohren voll über den undisziplinierten Hund: »Wie im Schützengraben. Da wusste man auch nie, wann und wie es weitergeht.«

Einen Nachmittag an einer Hundewiese zu verbringen muss nicht unbedingt ein Vergnügen sein, aber auch heute geht es dort immer noch zu, wie vor Verdun im Ersten Weltkrieg:

*

Unterhalten sich zwei Hunde-Hooligans über ihre Kampfmaschinen. Sagt der erste: »Was ist das: Hat vier

Beine und einen Arm?« Prustet der andere sein Bier auf die Wiese und grölt: »Digger, das ist mein Bushido auf'm Kinderspielplatz.« Brüllt der erste zurück: »Genau, Digger, dein Pittbull an 'nem Sandkasten.«

*

Erst als die beiden Muskelpakete mit ihren Trainingspartnern in dem tiefer gelegten BMW weggefahren sind, wagt es die blondierte Dame, Typ gutsituierte Kapitänswitwe, ihren kleinen Puschel von der Leine zu lassen. Besorgt verfolgt sie jeden winzigen Sprung des blütenweißen Fellknäuels. Furchtsam wedelt sie mit ihren Armen, als sie einen schwarzen Pudel sieht, der sich zielstrebig ihrem kleinen Liebling nähert. Entsetzen dann, als der Pudelrüde sich über »Cloé, Cloé« – das muss der Name des blütenweißen Schätzchens sein – hermacht. Schlimmer nur noch: Cloé lässt es geschehen.

Mit nicht geahnter Energie will die Kapitänswitwe dazwischengehen, doch die Pudelbesitzerin ist schneller: »Bastie, pfui, lass das!« Und tatsächlich, Bastie lässt es. Pudelfrau zur Knäueldame: »Das macht er sonst nie. Das hat er noch nie gemacht. Ihre Hündin muss läufig sein.« Knäuel zum Pudel: »Ist sie nicht. War sie noch nie.« Sagt es, stopft Cloé in die elegante Louis-Vuitton-Tragetasche und verlässt mit vorwurfsvollen Blicken die Hundewiese.

*

Bastie hat sich schnell verdrückt, oder besser, er ist an den Rand der Wiese geflitzt, hat sich hingehockt und einen Haufen gesetzt. Die Besitzerin schaut in eine andere Richtung, tut, als suche sie ihren Bastie und reagiert unwirsch auf den anklagenden Vorwurf einer Mutter mit Kleinkind, die auf den kackenden Pudel weist: »Das ist ja widerlich. Können Sie das nicht wegmachen?« Unerwartete Unterstützung erhält sie von einem Schäferhundhalter in grünem Loden, der barsch fordert: »Das ist hier eine begrenzte Auslauffläche und kein Hundeklo. Machen Sie das sofort weg.« Das gestammelte »Ich habe gerade keinen Beutel dabei« ignoriert er geflissentlich und geht sicheren Schrittes – »Hasso, komm« – seines Weges.

*

Natürlich kommt Hasso, bleibt an der Seite des Lodenträgers, Fuß bei Fuß, und wagt erst auf Kommando (»Los jetzt«) einen Ausbruch. Er findet einen anderen Schäferhund, springt ihn an, lässt sich jagen, wird von einem Boarder angegangen. Das Trio dominiert die Wiese, hetzt von links nach rechts, von Nord nach Süd. Verängstigte Blicke bei Parkbesuchern, egal ob mit oder ohne Hund. »Die wollen nur spielen!«, tönt es im Chor von den drei Hundebesitzern. Ein Mops muss es verstanden haben und hechelt hinterher, will mitspielen, wird aber von den Großen ignoriert.

*

Der Mops trottet zurück zur Besitzerin, einer aufgehübschten Boutiquen-Besitzerin, die sofort zu säuseln beginnt: »Schatzi, komm her mein kleiner Schatz. Das sind aber auch Rüpel, ganz ungezogene Rüpel sind das, mein kleiner Caesar.« Dem breitmäuligen Imperator wird ein Trost-Leckerli gegeben. Sofort ist eine französische Bulldogge zur Stelle, plumpst nieder und bettelt mit ihren versteckten Glubschaugen ebenfalls um einen Hunde-Bonbon. »Lass das sein, Esmeralda«, flötet ein hübscher Jüngling. »Das tut man doch nicht.« Augenzwinkernd wendet er sich an die Aufgehübschte: »Ist sie nicht süß. Sie ist eine ganz Liebe.« – »Oh, ja. Genau wie Caesar. Der ist auch ein kleiner, lieber Racker. Die beiden passen gut zusammen. Die mögen sich.« Das Mögen beschränkt sich allerdings auf ein gegenseitiges Beschnüffeln. Caesar und Esmeralda legen tänzelnd das berühmte »Nasen-Arsch-Duett« auf den Rasen, immer im Kreis herum, bis Esmeralda ein anderer Duft in die Kurznase steigt. Ein Dalmatiner mischt sich ein.

*

Der Dalmatiner gehört zu einer »Gassi-Service-Gruppe«. In Hunde-Tagesstätten geben gestresste Hundebesitzer morgens ihre Hunde ab, um sie nach Feierabend wieder in Empfang zu nehmen. Ausgeführt werden sie zweimal am Tag von studentischen Hilfskräften, die routiniert Tierliebe vortäuschen, denen aber in Wirklichkeit die Köter völlig gleichgültig sind. Außer dem Dalmatiner dürfen heute ein Bobtail, ein Setter, ein Boxer und zwei Zwergschnauzer mit auf die Wiese. Abgeleint sorgen sie sofort für Randale: Der Bobtail begräbt den Mops unter sich, dessen kurzatmiges Gehechel nach Luft immer matter wird. Der Boxer haut den Pudel um. Setter und Zwergschnauzer jagen im Team die Schäferhunde hin und her über die Wiese und die angrenzenden Rad- und Fußgängerwege. Kinder schreien, Passanten schimpfen, ein Radfahrer kann nicht rechtzeitig bremsen und wird von dem Boxer, der offensichtlich das Interesse an dem räudigen Pudel verloren hat, angegriffen und vom Rad gerissen.

Lautstark schallen Beschimpfungen, Beteuerungen und Befehle durcheinander: »Das konnte ja keiner ahnen.« – »Verflucht, nehmen Sie den Köter weg.« – »Der bellt nur, der beißt nicht.« – »Lass das, sitz!« – »Das macht er doch immer, das ist doch normal.« – »Eigentlich ist er ein ganz Lieber.« – »Hunde riechen die Angst.« – »Das ist seine Art zu zeigen, dass er Sie mag.«

Nur der Bobtail erstickt weiter ungerührt den Mops.

*

Und in der Ferne bellt schon wieder ein neuer Hund und stürmt auf die Wiese ...

Hundeschiss – Das Sprüche-Quartett
(für 2–4 Spieler)

Die Ausreden, Beschwichtigungen und Belehrungen von Hundehaltern kommen standardisiert immer wieder vor. Die 25 gebräuchlichsten Dummsprüche eignen sich vorzüglich für ein kleines Hunde-Quartett. Auf jeden Spruch gibt es zwei Antworten – eine richtige und eine falsche. Der Spruchstapel liegt in der Mitte der Spieler, und die oberste Karte wird mit jedem Spielzug aufgedeckt. Die 50 Antwortkarten sind mit »richtig« oder »falsch« gekennzeichnet. Nicht ersichtlich ist, auf welche Frage sie sich beziehen. Sie werden unter den Mitspielern aufgeteilt. Nach dem Aufdecken der Spruchkarte wirft jeder Spieler eine Antwortkarte vor sich auf den Tisch. Der Spieler mit der treffenden Antwort (egal ob »richtig« oder »falsch«) streicht den Stapel, den »Hundeschiss«, ein. Kommen von zwei Spielern je eine der zutreffenden Antworten (»richtig« und »falsch«), gibt es ein Stechen. Sind alle Spruchkarten beantwortet, so hat der Spieler gewonnen, der am Ende den größten eingestrichen »Hundeschiss« hat:

*

»Das hat er noch nie gemacht.«
A *(richtig)*: Kräftiger Tritt gegen den Hund und: »Das wird er auch nie wieder machen.«

B *(falsch)*: Bedauerndes Achselzucken und: »Hoffentlich macht er es auch wirklich nie wieder.«

*

»Das geht in der Wäsche wieder raus.«
A *(richtig)*: Giftiger Blick und: »Das kommt Sie teuer zu stehen. Sie hören noch von mir.«
B *(falsch)*: Hilfloser Blick und: »Dann müssen Sie es aber für mich waschen.«

*

»Das ist eigentlich ein ganz Lieber.«
A *(richtig)*: Wütende Geste und: »Das ›Eigentlich‹ können Sie sich und ihm hinten reinschieben.«
B *(falsch)*: Hoffnungsvoller Gesichtsausdruck und: »Wenn Sie es sagen …«

*

»Das ist er nicht gewohnt.«
A *(richtig)*: Empörter Stinkefinger und: »Ich auch nicht.«
B *(falsch)*: Resignation in der Stimme und: »Dann gewöhnen Sie es ihm doch bitte ab.«

*

»Das macht er immer, das ist normal.«
A *(richtig)*: Erboster Schritt gegen Hund und Halter und: »Nix ist hier normal. Normal wäre jetzt 'ne ordentliche Tracht Prügel für dich und deine Töle.«

B *(falsch)*: Vorwurfsvoller Augenaufschlag und: »Das ist nicht normal. Das darf doch nicht wahr sein.«

*

»Das konnte ja keiner ahnen.«
A *(richtig)*: Zornige Gebärde gegen den Halter und: »Du hast ja selbst keine Ahnung, Du Vollpfosten.«
B *(falsch)*: Belehrender Zeigefinger und: »Gehen Sie mit ihm in eine Hundeschule.«

*

»Das wusste ich nicht.«
A *(richtig)*: Empörtes Armeverschränken und: »Nein, weil du noch viel blöder bist als dein blöder Drecksköter.«
B *(falsch)*: Besänftigende Geste und: »Unwissenheit schützt vor Strafe nicht.«

*

»Der bellt nur, der beißt nicht.«
A *(richtig)*: Zorniges Schnaufen und: »Der hat auch gleich keine Zähne mehr zum Beißen.«
B *(falsch)*: Zögerlicher Überzeugungsversuch und: »Aber Bellen ist doch auch nicht schön.«

*

»Das ist seine Art zu zeigen, dass er Sie mag.«
A *(richtig)*: Aggressive Angriffshaltung und: »Ich mag Sie nicht. Und ihn mag ich schon gar nicht. Also hauen Sie hier bloß ab.«

B *(falsch)*: Geduckte Haltung und: »Wieso mag er mich? Wieso immer mich?«

*

»Für meinen Liebling nur das Beste.«
A *(richtig)*: Geballte rechte Faust in die linke Handfläche schlagen und: »Ja, das kann er gleich haben.«
B *(falsch)*: Schulterzucken und: »Ja schon, aber doch nicht hier.«

*

»Der tut nichts.«
A *(richtig)*: Kräftiger Tritt gegen die Hundeschnauze und: »Ich aber jetzt.«
B *(falsch)*: Resignierter Blick gen Himmel und: »Das sagen sie alle.«

*

»Sie dürfen ihn ruhig streicheln.«
A *(richtig)*: Dankbare Genugtuung zeigen und: »Gerne. Mit einer Hundepeitsche aus Nilpferdhaut.«
B *(falsch)*: Entrüstete Abwehrhaltung und: »Nein, das mache ich nie.«

*

»Die Hundewiese ist doch eingezäunt.«
A *(richtig)*: Mit der Hand eine Pistole formen und: »Jetzt ist er aber hier draußen und darf als streunender Köter abgeschossen werden.«
B *(falsch)*: Belehrende Handbewegung Richtung Hun-

dewiese und: »Dann sorgen Sie bitte schön, dass er dort bleibt und nicht ausbüxt.«

*

»Der will nur spielen.«
A (*richtig*): Höhnisches Lachen und: »Ja. Ich. Auch. Und zwar Fußball. Mit ihm. Ist ein klasse Ball. 'ne tolle Vorlage.«
B (*falsch*): Anklagende Empörung und: »Aber doch nicht hier auf dem Kinderspielplatz.«

*

»Er ist allergisch gegen das Halsband.«
A (*richtig*): Scheinbar mitfühlende Handbewegung zum Hals und: »Ach, der Arme. Dann wird er eben nicht erhängt, sondern muss direkt zum Abdecker.«
B (*falsch*): Vorwurfsvoller Blick und: »Aber es gibt doch so schöne in den Hunde-Boutiquen.«

*

»Er versteht jedes Wort.«
A (*richtig*): Ausgestreckter Arm über den Hund hinweg und: »Hau ab. Verpiss dich. Keiner vermisst dich.«
B (*falsch*): Verzweifelter Versuch, den am Bein rammelnden Hund loszuwerden und: »Dann sagen Sie ihm doch bitte, er soll das lassen.«

Wenn der Kot sanft im Wasser dümpelt

Einmal machten wir alle einen Ausflug in irgendein kleines Dorf in der Lüneburger Heide. Auch der Großvater und Pummi waren dabei. Der Hund verhielt sich für seine Verhältnisse recht brav. Er hat weder in der Eisenbahn unter die Sitze gepinkelt noch auf den Bahnhofsvorplatz der kleinen Station gekackt. Auch hatte er während der Fahrt nicht übermäßig gekläfft. Nach einer endlos langen Wanderung durch die Heide machten wir eine Rast auf einer Wiese in einem kleinen Dorf. Pummi durfte von der Leine und tobte sofort den Spatzen hinterher und jagte imaginäre Freunde oder Feinde. Neben der Wiese war der Dorf- oder Löschteich. Flächendeckend war er voll mit Entengrütze. Und der blöde Köter stürmte über die reale Wiese auf die vermeintliche, mitten rein in die grüne Fläche der Entengrütze. Es war wohl das einzige Mal, dass Pummi baden ging.

Heute muss man schon sehr weit fahren, um einen Meeresabschnitt ohne Hundestrand oder einen Baggersee zu finden, in dem sich keine Köter tummeln:

Malerisch liegt der Hummelsee im Norden Hamburgs, kurz vor der Landesgrenze zu Schleswig-Holstein. Unterhalb des Hummelberges schmiegt er sich sanft an eine romantisch wildbewachsene ehemalige Erddeponie.

Rund um den See gibt es kleine Buchten, die zum Baden einladen.

Ausgelassenes Treiben herrscht an den flachen Stränden: Stöckchen schwirren durch die Luft, zerbissene Fußbälle werden in den See geschossen, Frisbeescheiben landen platschend auf den sanften Wellen des Gewässers. Hunde tollen herum, versuchen die Geschosse in der Luft zu erhaschen. Ein eitles Jauchzen durchdringt die Luft, unterlegt von einem entzückten Fiepsen und herrischen Gebell. Begleitet wird diese Kakophonie mit begeisterten Rufen: »Susi, bring das Stöckchen!« – »Fang den Ball, Krause, ja fang den Ball!« – »Bingo, jetzt aber ordentlich schütteln, doller, damit das Fell wieder trocken wird!« – »Brav, Sweety, sehr brav!« – »Komm, gib Küsschen!« – »Und nachher gehen wir zusammen schön in die Badewanne und machen uns wieder richtig sauber, mein kleines Dreckerli.«

Doch die Idylle trügt. War der Hummelsee noch vor Jahren ein beliebtes Ausflugsziel von Kleinfamilien mit ihren planschenden Kindern, ein »Lago Amore« für Frischverliebte oder ein Angler-Paradies mit den alten Holzstegen im ufernahen Schilf, wurde diese Idylle immer mehr von den Hunden und ihren Haltern dominiert und gestört.

Anfänglich waren es nur aggressive Wortgefechte (»Passen Sie doch bitte auf, wo Ihr dummer Hund rumrennt.« – »Die pinkelt nicht ins Wasser, das ist eine reinrassige Adlige.« – »Wenn es Sie so sehr stört, dann lassen Sie Ihr Kind doch einfach nicht mehr ins Wasser.« – »Sammel sofort die Scheiße auf!« – »Die stammt nicht von ihm, du Vollpfosten. Nie und nimmer. Das macht er nicht.«). Aber schon nach kurzer Zeit entwickelte sich die Auseinandersetzung zu einem regelrechten »Hundekrieg vom Hummelsee« (*Niendorfer Nachrichten*). Gegenseitige Anschuldigungen (»Die werfen gezielt mit Hundekot nach unseren Kleinen.« – »Die legen Köder mit Arsen und Glasscherben aus.«) vergifteten Flora und Fauna und führten zu einem rauen Klima am Hummelsee. Und es blieb nicht nur bei Beleidigungen und Boshaftigkeiten, Prügel- und Pöbeleien an den Stränden des einstmals ach so ruhigen Sees

Als Erstes schlossen sich die Eltern zusammen und gründeten eine Bürgerinitiative, die »DHI – Die Hummelsee-Initiative«. DHI-Sprecherin Marianne Duchrow prangert in einem moderaten, zweiseitigen Flugblatt nicht nur das aggressive und rüde Verhalten der Hundehalter an, sondern warnt auch ausführlich vor den Gefahren, die von einem Hund zu Wasser und zu Lande ausgehen:

»Es ist nicht nur der Kot, der offen herumliegt oder am Strand achtlos von Hund oder Halter verbuddelt wird! Nein, die Hunde urinieren auch unbekümmert unter den Augen ihrer Besitzer an Büsche und Bäume, Sträucher und Stauden. Nichtsahnend krabbeln und spielen dort unsere Kleinen, greifen hierhin und dorthin, und schon ist eine schlimme, wenn nicht gar lebensbedrohliche Krankheit übertragen. Und im Wasser wird es noch unerträglicher. Auch hier urinieren und koten die Hunde und Hündinnen unbeaufsichtigt und unbemerkt in den See, sabbern aus ihren Mäulern in die Wellen und hinterlassen gefährliche Milben, Viren und Bakterien. Auch wenn der

Hund gesund erscheint oder ist, kann er ein gefährlicher Zwischenwirt (Überträger) sein.

Die Folge ist Zooanthroponose. Das sind die Krankheiten, die vom Hund auf den Menschen übertragen werden:

- bakterielle Infektionskrankheiten wie Leptospirose, die gerade für Kleinkinder sehr gefährlich sein kann und mit hohen Mengen von Antibiotika behandelt werden muss
- Virusinfektionen wie die Tollwut, die nicht nur grausame Lähmungserscheinungen mit sich bringt, sondern oft auch durch Enzephalitis (Gehirnhautentzündung) zum Tode führt
- gefährliche Parasitenerkrankungen wie die alveoläre Echinokokkose durch den Hundebandwurm, bei dem sich Larven in den verschiedenen Organen des Menschen ansiedeln und diese von innen heraus zerstören
- ebenso die Parasitenerkrankung Toxocariasis, übertragen durch den Hundespulwurm, der sich – ausgeschieden über Hundekot oder Geifer aus dem Hundemaul – im Wasser auf den Menschen überträgt. Im Dünndarm schlüpfen aus den übertragenen Eiern die Larven, durchdringen die Schleimhaut, zerstören in verschiedenen Organen Zellen und Gewebe und wandern zu Gehirn und Augen

Wir fordern: Badeverbot für die Hunde im Hummelsee!
Wir fordern: Keine Hunde am und um den Hummelsee!
Wir fordern: Freies Baden für unsere Kinder im Hummelsee!

Die Reaktion der Hundebesitzer ließ nicht lange auf sich warten. Auch sie organisierten sich. Nicht in einer Bürgerinitiative. Die Herrchen und Frauchen von Hasso und Waldi gründeten sofort einen Verein, den »Hummel Hunde e. V.«, dessen erstes, festgeschriebenes Satzungsziel die »Freiheit für Hund und Halter unterm Hummelberg und am Hummelsee« wurde.

Es dauerte nicht lange, da mischten sich auch die Hummelsee-Anglerfreunde vom »Rute+Rolle-Nord e. V.« in den erbitterten Streit ein. Sie wollten vor allem Ruhe an ihrer Wasserkante. »Bei diesem ganzen Krach beißt doch keiner mehr an«, so die Angler zwar wortkarg, aber unisono.

Der Streit wurde zu einem Politikum, mit dem sich die Bezirksversammlung Hamburg-Nord beschäftigen musste. Wie schon am See prallten in der aktuellen Bürgerfragestunde Vorwürfe, Ängste und Aggressionen aufeinander. Die Bezirkspolitiker waren ratlos und standen vor einem Dilemma: Weder wollten sie es sich mit den versessenen Hundehaltern noch mit den aufgebrachten Eltern als potentielle Wähler verderben. Also beschlossen sie in einem gemeinsamen, interfraktionellen Antrag ein generelles Badeverbot für Hund und Mensch im Hummelsee.

Wütend über »die da oben« zogen die Kontrahenten von dannen. Lediglich die Angler freuen sich, haben sie doch endlich wieder Ruhe und den See für sich und ihre Fische.

Selber schuld

Es waren nicht nur wir Kinder, die Angst vor Pummi hatten. Unvergessen bleibt mir der freundliche Briefträger »Onkel Werner«: Er klingelte an der Wohnungstür und fragte als Erstes: »Is de Töle drin?« Dann gab er die Post ab und wusste zu berichten: »Da is 'nen Brief aus Halle von deinem Onkel Hermann. Und 'ne Karte von der Tante auf Amrum. Sturm hatten die, aber der Deich hat gehalten.« Noch ein prüfender Blick in den Flur zum Zimmer des Großvaters und die ewig gleiche Verabschiedung: »Pass mir gut auf die Töle auf.«

Es war die klassische »Angst des Postboten vor der Zustellung«, die auch heute noch ihre Gültigkeit hat:

Der Hamburger ver.di-Bezirkssekretär Heinz Wolf vom Fachbereich Postdienste, Speditionen und Logistik ist empört und greift zur schärfsten Waffe eines Gewerkschaftsfunktionärs: Er schreibt eine Pressemitteilung.

*

»Mit großer Empörung hat der Fachbereich Postdienste, Speditionen und Logistik in ver.di die heutige Entscheidung des Hamburger Amtsgerichts zur Kenntnis nehmen müssen. Einer unserer langjährigen Kollegen wurde in Aus-

übung seiner Tätigkeit hinterhältig von einem scharfen Hund...«

*

Nervös steht Rolf W. (31) auf dem Flur des Amtsgerichts Hamburg-Wandsbek vor dem Verhandlungssaal 201b, in dem eine fahrlässige Körperverletzung verhandelt wird. Er wurde angegriffen und ist als Zeuge geladen. Wandsbek ist zuständig für den Ortsteil Rahlstedt. Hier stellt W. Pakete zu, schon seit mehreren Jahren.

Rahlstedt ist ein ruhiger Stadtteil mit Einfamilienhäusern. Die gehobene Mittelschicht wohnt hier. Gepflegte Vorgärten, saubere Straßen. Vogelgezwitscher statt Großstadtlärm. Aber die Idylle trügt, die Ruhe hat auch ihre gefährlichen Seiten. Viele Familien haben einen Hund. Golden Retriever, Labradore und Boxer überwiegen. Einige Berner Sennenhunde, Pudel und Dackel sind zu sehen. Deutsche Schäferhunde eher selten. Allen wird von ihren Besitzern ein gemeinsamer Wesenszug attestiert: »Die tun nichts, die sind ganz friedlich.«

Da ist Rolf W. ganz anderer Ansicht. Er hat die traurige Erfahrung vieler seiner Kollegen nun selbst machen müssen. »Früher konnte ich über Briefträgerwitze herzhaft lachen«, so der Paketzusteller. »Ein Kollege hatte einen an seinem Spind hängen: Ein Briefträger kommt ins Krankenhaus, weil er von einem Hund gebissen wurde. ›Haben Sie etwas draufgemacht?‹, fragt die Krankenschwester. ›Nein, er mochte mich ohne alles ...‹« Mittlerweile ist ihm das Lachen vergangen.

Im Saal 201b verliest der Staatsanwalt die Anklageschrift: »… ist der Lehrer Rüdiger L. der fahrlässigen Körperverletzung angeklagt, indem er seinen Hund nicht angeleint auf seinem Grundstück in der Scharbeutzer Straße 36 frei laufen ließ, obwohl ihm bewusst war, dass eine fremde Person, in diesem Falle der Postbote Rolf W., anwesend war. In Folge dieses Fehlverhaltens wurde der Zeuge W. mindestens einmal in die linke Wade gebissen.«

Rüdiger L. unterrichtet Latein und Geschichte am Gymnasium. Der 46-Jährige beteuert vor Gericht, er sei ein friedfertiger Mensch, wie auch sein Hund, der Schäferhund-Labrador-Mix Dibolo. Gegen den vierfachen Familienvater war ein Strafbefehl über 750 Euro erlassen worden. L. legte Beschwerde ein, daher das Strafverfahren. »Es tut mir sehr leid für den Paketboten«, so der Hundehalter. »Ich entschuldige mich. Aber er hätte auch einfach vor der Gartenpforte klingeln können. Wir haben ja sogar Warnschilder vor dem Hund aufgehängt.«

Ganz anders verlief der Tathergang aus Sicht des gebissenen Zustellers. Mehrfach habe er an der Haustür geklingelt und Hundegebell gehört. Als keiner öffnete, sei er wieder gegangen. Als er kurz vor der Grundstückspforte angelangt sei, habe sich doch noch die Haustür geöffnet und ein Hund sei herausgesprungen. »Er rannte bellend hinter mir her, ich dachte, der zerfleischt mich gleich. Ich sprintete zwei Schritte, da hatte ich ihn schon an der Wade hängen.« Drei Narben seien von dem Biss geblieben.

*

»... ist der Angriff auf unseren Kollegen kein Einzelfall. Jährlich werden in Deutschland etwa 2000 Postzusteller von Hunden gebissen. Die Dunkelziffer dürfte noch erheblich höher sein, da längst nicht alle Fälle angezeigt werden. Unsere Kollegen sind bei der Ausübung ihrer täglichen Arbeit schutzlos dem sorglosen bis unverantwortlichen Fehlverhalten der Hundebesitzer und ihrer Hunde ausgeliefert. Es nützt auch nichts, darauf hinzuweisen, dass ihnen eine Notstandslage zugebilligt werden kann ...«

*

Warum er sich denn nicht gewehrt habe, mit Pfefferspray, durch Tritte oder mit einem Stock, will die Amtsrichterin wissen und verweist auf einen ähnlich gelagerten Fall, den das Oberlandesgericht Hamm vor mehreren Jahren zu entscheiden hatte. Hamm hatte seinerzeit geurteilt, dass ein Grundstückseigentümer und Hundehalter verpflichtet sei, dem Briefträger einen gefahrlosen Zutritt zu seinem Grundstück zu verschaffen. Würde dieser gebissen, dürfe er sich auch mit einem Holzknüppel wehren. Ein Postbote müsse nicht als Hundefutter herhalten. Warum er sich also nicht verteidigt habe? Die leicht verschämte Antwort von Rolf W.: Er habe schlicht Angst gehabt und nur weggewollt.

Die Wandsbeker Amtsrichterin ist sichtlich um die Wahrheitsfindung bemüht und hat eine Sachverständige zum Prozess hinzugezogen. Claudia Sch. war 16 Jahre beim Diensthundewesen der Polizei, arbeitet heute bei der Kripo und schult in Norddeutschland Postboten im

Umgang mit Hunden: »Postboten sollten auf eine entspannte Körperhaltung achten, sich seitlich drehen und am Hund vorbeischauen. Niemals wegrennen, wenn ein Hund auf einen zuläuft. Es könnte sein, dass der Hund sich mir überlegen fühlt und mich beißt. Man sollte immer stehen bleiben. Das rate ich jedem Postboten.«

Es ist die entscheidende Aussage in diesem Prozess für das Urteil. Die Richterin: »Es ist allgemein bekannt, dass man nicht sprintet, wenn ein Hund auf einen zurennt. Der Biss hat auch mit dem Verhalten des Zustellers zu tun. Der Angeklagte hat seine Sorgfaltspflicht nicht verletzt. Freispruch.«

Im Hinausgehen wendet sich der Hundebesitzer noch einmal kurz an das Opfer von Dibolo: »Es war ein normales Revierverhalten. Sonst ist er ein ganz Lieber.«

Rolf W. hat sich nach der Hundeattacke in den Innendienst versetzen lassen. Und nach diesem Urteil wird er dortbleiben.

*

»... Dieses skandalöse Urteil können und wollen wir nicht hinnehmen. Es zeigt einmal mehr auf, wie wenig auf die berechtigten Belange der Postbediensteten Rücksicht genommen, wie gering ihre Tätigkeit eingeschätzt und wie sehr ihre Persönlichkeitsrechte verletzt werden. Der Postbote ist immer der Erste, den die Hunde beißen. Damit muss Schluss sein.«

*

Hamburgs ver.di-Bezirkssekretär Heinz Wolf ist mit seiner Presseerklärung durchaus zufrieden. Obwohl ... ein bisschen bissiger hätte sie schon sein können. Nun ja, beim nächsten Mal.

Das kleine Einmaleins für Postboten

Unser Briefträger Onkel Werner kannte nur zwei wirksame Mittel gegen Hunde, die seine staatliche Zustellungspflicht störten: Erstens einen gezielten Tritt gegen den angreifenden Hund, möglichst Richtung Kopf und Schnauze, und dann noch einen zweiten, finalen Triumph-Tritt, irgendwohin. »Doch es war«, so der nette Briefträger, »und ist immer eine riskante Sache. Richtig sicher sein kannste dir nie.« – Das hat sich in der Zustellerbranche bis heute nicht geändert:

1966 sollte ein gutes Jahr für die Postboten in Nordrhein-Westfalen werden. Im August hatten die vier Oberpostdirektionen in NRW 5000 Spraydosen aus den USA geordert. Die weißen Dosen waren mit einem durchgestrichenen Pudelkopf gekennzeichnet und enthielten eine Mischung aus Cayennepfeffer und Reizöl. Das Produkt nannte sich auf Deutsch »Hundesanft«. Nicht dass es besonders sanft für Hunde gewesen wäre: Vielmehr setzte es sie für eine Viertelstunde außer Gefecht. Hundefreunde reagierten empört auf die Bewaffnung der Briefträger. So fürchtete der deutsche Schäferhundeverband, dass »der deutsche Schäferhund seinen Charakter verliert«. Die Post fürchtete allerdings eher um die Gesundheit ihrer Postboten. 2000 Hundebisse im Jahr seien zu viel.

»Hundesanft« war als Pilotprojekt gedacht und sollte

nach erfolgreicher Erprobung auch in anderen Bundesländern angeschafft werden. Das Spray setzte sich allerdings nicht als ultimative Lösung durch. Es wirkte nur, wenn man es aus maximal drei Meter Entfernung gezielt in die Augen der bissigen Angreifer spritzt. »Postboten, die mit Fahrrad oder Austragetasche beschäftigt sind«, so eine Pressemitteilung der Post damals, »sind meist viel langsamer als die anrennenden Vierbeiner«. Das Projekt Hundesanft wurde eingestellt.

Aber in den folgenden Jahrzehnten probierten einzelne Oberpostdirektionen unabhängig voneinander weiterhin hartnäckig Hunde-Abwehrmaßnahmen aus. In einigen Bundesländern wurden sogar Fachabteilungen »Hundebiss« eingerichtet. Doch zu einer bundeseinheitlichen »Anti-Terror-Verordnung« kam es für die Brief- und Paketzusteller nie, denn 1994 wurden mit der Privatisierung der Deutschen Bundespost die Gelder für die »Selbstverteidigung der Postbediensteten bei Lieferung und Zustellung (SPLZ)« ersatzlos gestrichen. Der deutsche Briefträger war wieder auf sich und seine eigene Phantasie angewiesen. Er musste selber sehen, wie er klarkommt.

Zwar bietet die Deutsche Post und die »Unfallkasse Post und Telekom« regelmäßig Trainingsreihen an, so etwa »Nichts gegen Hunde, aber … – Zusteller trainieren den Umgang mit Vierbeinern«. Es sind Trainingseinheiten, die unter dem Oberbegriff Deeskalation stehen und auf drei Konfliktfälle abzielen:

Wenn ein aggressionsbereiter Hund auf Sie zukommt:

- Fixieren Sie den Hund nicht mit den Augen

- Vermeiden Sie Drohgebärden
- Machen Sie keine schnellen überraschenden Bewegungen

Wenn ein Hund auf Sie wartet und bereits knurrt oder Zähne zeigt, ist die Gefahr eines Angriffs sehr groß. Hier ist äußerste Vorsicht geboten, daher:

- Halten Sie an
- Wenden Sie Ihren Blick zum Hund, ohne seine Augen zu fixieren
- Lassen Sie die Arme hängen
- Atmen Sie tief durch
- Entfernen Sie sich mit langsamen Bewegungen, ohne dem Hund dabei den Rücken zuzukehren

Falls Sie hingefallen sind:

- Kugeln Sie sich ein
- Schützen Sie Ihren Nacken mit den Händen
- Bleiben Sie still liegen

Gestandene Brief- und Paketzusteller schütteln nur den Kopf oder lachen sich schlapp über diese Tipps. »Wenn ich das schon höre«, so ein befreundeter Hamburger Postbote. »Erst soll ich anhalten, die Arme hängen lassen und dann langsam weggehen. Oder ich soll mich zusammenrollen und still liegen bleiben. Da bekomme ich doch keinen einzigen Brief zugestellt den lieben langen Tag.« Und das in Zeiten, in denen Arbeitsdruck und -verdichtung immer größer würden.

Aktive Zusteller greifen daher immer noch auf die alten, bewährten Hausmittel zurück: gezielte Tritte, Pfefferspray oder den Hunde-Ultraschall. Im Großraum Hamburg hat sich sogar eine Interessengemeinschaft der besonderen Art gebildet: die »IG Postler und Jogger Aktiv« (IG PJA). »Die Probleme sind doch die gleichen: Wir wollen schnell unsere Strecken laufen, die Briefträger zügig ihre Postrunden drehen, und immer ist ein blöder Hund im Weg«, erinnert sich einer der Jogger aus dem Gründungskomitee.

Sie treffen sich einmal im Monat, tauschen sich in Theorie und Praxis aus. Zwei Polizisten eines Mobilen Einsatzkommandos sind auch dabei und informieren über ihre Nahkampfausbildung. Oberstes Ziel und effektivste Verteidigung sei der eigene, überraschende Angriff: »Du musst immer der Erste sein, du musst den Überraschungseffekt ausnutzen.« Schnelles Handeln – zack – Sieger sein, und der Hund rennt winselnd und mit eingezogenem Schwanz von dannen.

Doch für den Fall, dass der Hund schneller ist, angreift und zuschnappen will, hat die IG PJA ein kleines Merkblatt erstellt:

- Versuche, dich in eine gute Verteidigungsposition zurückzuziehen – möglichst an eine Wand oder in eine Ecke
- Wenn du ein Rad dabeihast, so bringe es zwischen dich und den Hund
- Für den Fall, dass du Gegenstände (Paket, Stock, zusammengeknüllte Jacke) dabeihast, versuche, sie

dem Hund »anzubieten« und ihn sich darin verbeißen zu lassen
- Erwischt der Hund dabei versehentlich die Hand, so reiße sie nicht zurück. Es empfiehlt sich, die Hand noch tiefer in den Rachen des Hundes zu stecken, um den Würgereflex auszulösen
- Drücke die Lefzen des Hundes zusammen; wenn er weiter zubeißt, beißt er sich auch auf die eigene Backe
- Denke beim Einsatz von Pfefferspray immer daran: je größer der Hund, desto höher muss auch die Dosierung sein
- Schließlich kann ein Taschenmesser mit arretierbarer Klinge oder ein Elektroschocker als Ultima Ratio helfen

So weit die Theorie. Die praktischen Übungen erweisen sich schon als schwieriger und sorgen immer wieder für grölendes Gelächter in der Runde der Läufer und Zusteller: Natürlich hat niemand einen Hund mitgebracht, und so wird an Stühlen und mit Kissen geübt. »Aber es gibt uns Mut und Selbstsicherheit«, fasst einer der Teilnehmer die Treffen zusammen. »Wir wissen uns jetzt besser zu verteidigen. Wir wollen den Hunden nicht länger zum Fraß vorgeworfen werden.« Und ein anderer Teilnehmer ergänzt: »Auch die Hundehalter merken allmählich, dass ihnen und ihren Kötern nicht mehr die ganze Welt gehört.«

Mit Karate gegen Köter

War Pummi kläffend im Flur, traute ich mich nicht in die Wohnung. Er verteidigte ein Revier, das eigentlich meins war. Aber ich war zu klein, um mich gegen Pummi wehren zu können. Auch kannte er das Lied »Sind so kleine Beine, darf man nicht reinbeißen« nicht. Was hätte ich damals dafür gegeben, eine Karateschule besuchen zu können, in der Selbstverteidigung gegen Hunde unterrichtet wird. Heute sind solche einschlägigen GYMs in jeder Großstadt zu finden. Ich aber musste damals Lebertran trinken und bei Frau Landgraf zum orthopädischen Turnen gehen.

Doch das Schicksal ist nicht ungerecht, sondern meint es gut mit mir, und ich bekam kürzlich zum Geburtstag einen Gutschein für das »TKGK – Trainingscenter Karate gegen Köter« geschenkt:

Unterschiedlicher könnten die Betreiber des TKGK kaum sein: Der eine, Mombries Mombries, kann seine Kiez-Vergangenheit und die zahlreichen Knast-Aufenthalte schwer leugnen. Der andere, Michael von Hasenstein, entstammt zwar verarmten Adel, legte aber eine ganz passable Karriere bei der Polizei hin. Kennengelernt haben sich die beiden bei einer Schießerei, aber das ist nicht nur ein ausgelutschtes Klischee, sondern auch eine ganz andere Geschichte.

»Wir haben uns halt kennengelernt«, erzählt Mombries ganz ungezwungen. Er habe auf St. Pauli »mehrere Kampfhunde laufen gehabt«. Klar ist sofort, dass er diesen doppeldeutigen Witz schon öfter gekalauert hat, denn ohne Pause fügt er sofort hinzu: »Also nicht was du denkst, nicht auf'm Strich.« Nein, regelmäßig habe er Hundekämpfe organisiert. »Das brachte richtig Kohle.« Aber auch mächtig Ärger. Denn Polizeihauptmeister von Hasenstein, Hundeführer bei der Bundespolizei, ermittelte verdeckt in der Szene und lies ihn erfolgreich auffliegen, verhaften und verurteilen.

Aber im Knast habe »Hase« ihn oft besucht. Zusammen haben die beiden Hundeexperten die Grundidee für das spätere TKGK entworfen. »Mich hat der Gedanke der Resozialisierung getrieben. Ich wollte Mombries einen Weg aus dem Milieu zeigen«, erinnert sich Michael von Hasenstein.

Nicht der Weg war das Ziel; sie hatten konkrete Zahlen vor Augen: Sportschulen boten erfolgreiche Karate-Kurse für Kleinkinder an, Frauengruppen finanzierten sich lukrativ über Verteidigungsseminare und Veranstaltungen wie »Karate im Alter – Fit wie Oma und Opa« waren der Hit. Warum also nicht auch Kurse zur Selbstverteidigung gegen Hunde?

Das Konzept war schnell erarbeitet: Von Hasenstein ist zuständig für die Geschäftsführung und den theoretischen Teil des Lehrangebots; Mombries gibt den Mann der Praxis. Nur über den Namen der neuen Firma konnten sie sich lange nicht einigen. Während dem Polizisten ein aussagekräftiges »Gefährliche Hunde – Institut für professionelle Lagebewältigung« vorschwebte, wollte es Mombries lieber kräftiger, plakativer, zuschlagender: »Liverpool Kiss for Dogs – Gib's ihm!«. Geeinigt haben sie sich dann auf: »TKGK – Trainingscenter Karate gegen Köter – Schritte und Tritte zur professionellen Sicherung«.

Bei meinem ersten Besuch zeigt Michael von Hasenstein zur Einführung eine trockene PowerPoint-Präsentation zur Körpersprache des Hundes, so wie sie in dem polizeilichen Standardwerk *Gefährliche Hunde – Vorgehen, Eingriffstechniken, Sicherung, professionelle Lagebewältigung* zusammengefasst sind:

- Der »neutrale Hund« ist ungefährlich: Er tut nichts, er will nicht einmal spielen. Er ist phlegmatisch, desinteressiert und offensichtlich resistent gegen alle äußeren Einflüsse.

- Der »aufmerksame Hund« nimmt zwar seine Umgebung wahr, verfolgt jede Bewegung, hat die Ohren gespitzt und die Rute aufgerichtet, greift aber niemals ein oder an. Er ist ein in der Regel ungefährlicher Beobachter vom Typ Abschnittsbevollmächtigter oder Blockwart.

- Der »selbstbewusst-aggressive Hund« entspricht einem jugendlichen Hooligan. Er knurrt oder bellt, fletscht die Zähne, hat die Ohren nicht angelegt oder aufgerichtet, sondern nach vorne gerichtet und ist jederzeit zum Angriffssprung bereit. Gefahr ist geboten.

- Der »ängstlich-aggressive Hund« ist ein echter Schiss-Beißer und wegen seiner Unberechenbarkeit sehr gefährlich. Er knurrt oder bellt aus unterdrückter Angst, die sich durch die angelegten Ohren, seine gesträubten Nackenhaare und den zwischen den Hinterbeinen eingeklemmten Schwanz zeigt.

Nach dieser eher trockenen Einführung geht es mit Mombries Mombries im Trainingsraum zur Sache. Wir acht Teilnehmer werden in vier Gruppen aufgeteilt und beziehen vor blauen Trainingsmatten Stellung. Die erste Übung ist das Hineinversetzen in den Gegner, ist das Hund-Sein. Mombries doziert: »Ihr müsst wissen, wie er fühlt, in welcher Situation er sich befindet, wie er gleich vorgehen wird. Nur wenn ihr euren Feind genau kennt, ihn fühlt, ihn denkt, ihn atmet, nur dann könnt ihr ihn bezwingen.«

Auf allen vieren knurren und bellen wir auf den Matten, wedeln mit nicht vorhandenen Schwänzen, blecken die Zähne, geifern und sabbern. Ein Witzbold geht in die Hocke und versucht, einen Haufen zu legen. Mombries Mombries faucht ihn sofort an: »Mach hier keinen Scheiß!« Wir wagen einen Sprung nach vorn, einen Angriff. Wir müssen Hund sein. Zwei Stunden lang – gefühlt sind es mindestens fünf – machen wir in verschiedenen Variationen den Hund. Es ist entwürdigend.

Dann ist erst einmal Pause. Seminarleiter Mombries verteilt Snacks und Ernergie-Drinks: »Brav, sehr brav gemacht. Kriegst ein schönes Leckerli.«

Nach nur zehn Minuten geht es weiter: Hundekampf. Aber nicht so, wie wir es gedacht haben, sondern wieder nur Hund gegen Hund. Wir müssen zurück auf die Matten, umkreisen unseren Gegenhund, knurren böse und wütend, starten einen Angriff, schützen unsere Kehlen. Wir werden flinker, schneller, trickreicher. Die Adrenalinzufuhr steigt, die Hinterhältigkeit auch. Wir wollen nicht spielen, wir wollen beißen und verletzen. Egal wo. Der Angriff wird zum Selbstzweck.

»Genug davon!« Mombries ruft zurück zur Gruppendisziplin. »Jetzt geht es einen Schritt weiter. Alle an die Matten: Mann gegen Hund.« Unruhe in den vier Gruppen. Alle wollen endlich wieder Mann sein, niemand will noch einmal den Hund geben. Mombries selektiert: Mann, Hund, Mann, Hund, Mann, Hund, Mann, Hund. »Nachher wird eh gewechselt.«

Disziplin auf der Matte ist alles. Vier Stunden lang wird es geübt. Hund greift an, Mann verteidigt sich. Mombries geht von Matte zu Matte, korrigiert Körperhaltung und Tritttechnik, zeigt die vollendete Beinschiene, feuert die Kontrahenten an: »Hau ruhig ordentlich drauf. Im richtigen Leben geht es noch viel gefährlicher zu.«

Für heute, den ersten Tag, ist Schluss. »Mensch« und »Hund« sind völlig erledigt, denn in jeder Rolle haben sie sich verausgabt. Jeder muss seine innere Anspannung und gelebte Aggression abbauen. Angst hat jetzt keiner mehr, das Training hat geholfen.

TKGK-Geschäftsführer Michael von Hasenstein war die letzte halbe Stunde beim Training dabei. Jetzt verteilt er Zettel. Es sind Einverständniserklärungen für den Ernstfall, für die morgige Abschlussprüfung, die jeder unterschreiben muss. Gekämpft wird dann mit allen Mitteln und bei vollem Körpereinsatz. Die Freiwilligkeit zum Abschlusskampf wird ausdrücklich unterstrichen.

Regressansprüche bei jeglicher Art von Verletzung sind ausgeschlossen. Denn die Gegner sind echte Hunde – vom einfachen Straßenköter bis zum abgerichteten Kampfhund.

Alle Kursteilnehmer unterschreiben. Selbstverständlich und freiwillig.

Jetzt wird zurückgebissen:
Tricks von A – Z

Pummi ist tot, es lebe Pummi: Dieses zeitlose Merkblatt des »TKGK – Trainingscenter Karate gegen Köter« ist eine lose Sammlung aus einschlägigen Internetforen, brabbelnden Stammtischen und intellektuellen Diskussionsrunden:

➡ Apps

Immer beliebter werden bei Joggern, Spaziergängern und Radfahrern die sogenannten Hundeabwehr-Apps. Sie senden einen (→) Ultraschallton auf den effektiven Frequenzen von elf bis zwanzig Kilohertz, der besonders unangenehm für die feinen Hundeohren ist. Diese App ist äußerst effizient. Die aggressiven Vierbeiner reagieren verunsichert und ergreifen die Flucht. Sehr verbreitet ist die App auch bei Postboten.

➡ Blaukorndünger

Blaukorn ist ein gängiger Mineraldünger, der bevorzugt von Hobbygärtnern verwendet wird. Aber auch Hundegegner haben ihn für sich entdeckt. Denn Blaukorn enthält große Mengen an Nitrat. Das kann zu einer Reizung der Magen-Darm-Schleimhaut führen. Die Folgen sind Erbrechen und blutiger Stuhlgang.

➡ Cashewnuss

Diese Nüsse haben im Gegensatz zu anderen Nussarten einen eher geringen Fettgehalt. Daher glauben viele Hundliebhaber, dass Cashewnüsse keine Probleme für Hund und Halter bedeuten. Sie greifen bedenkenlos in die mitgebrachte Tüte und futtern und füttern. Bei den Hunden kann dies starke Blähungen und kurzfristiges Unwohlsein hervorrufen. Gerade verwöhnte Schoß- und Haushündchen lehnen diese vermeintlichen Leckerlis nicht ab, denn sie fressen sofort alles, was ihnen angeboten wird. Das Ergebnis ist umwerfend: Der Pudel pupst, die Dogge donnert und alle Fiffis pfeifen aus ihrem letzten Loch.

➡ DNA

Nur etwas für Tüftler mit großer Ausdauer und stabiler Überwindungskraft: Alle Hunde der Umgebung müssen gestreichelt werden, um mit den Hundehaaren im heimischen Labor die DNA zu bestimmen. Dann erfolgt ein Abgleich mit dem sichergestellten Hundekot. Ist das Ergebnis positiv, steht einer erfolgreichen Anzeige nichts mehr im Wege.

➡ Elektrozaun

Diese Zäune werden oft von Gartenbesitzern aufgestellt, deren Grundstücke wiederholt von fremden Kötern vollgekackt werden. Doch normale, bäuerliche Elektrozäune haben den Nachteil, dass Hunde unter ihnen hindurchschlüpfen können. Besser, aber auch teurer, sind mobile Schafnetze. Zäune, die an öffentlichen Straßen oder Wegen errichtet werden, müssen mit Warnschildern gekennzeichnet sein, die mit dem Sicherheitszeichen versehen sind oder die Aufschrift »Vorsicht Elektrozaun« tragen.

➡ Feine Nase

Geruchsintensive Duftstoffe, die Hund und Halter in den Wahnsinn treiben sind: Katzenkot, Gülle, Aas, Exkremente von größeren Fleischfressern. Deren Beschaffung ist in einer Großstadt allerdings äußerst schwierig. Einfacher zu besorgen sind Öle, die nach Hase, Fasan oder Wildschwein riechen. Werden die Duftstoffe gezielt eingesetzt, etwa vor der Wohnung oder dem Haus eines Hundehalters, lassen sie nicht nur dessen Hund freudig, laut und anhaltend kläffen, sondern ziehen auch viele, viele andere Hunde an und können so einem Halter den letzten Nerv rauben.

➡ Gekläffe, technisches

Nichts kann der Hund besser, als anlasslos in der Gegend herumzubellen. Und wird er seinerseits angekläfft, entscheidet er sich für einen aggressiven Angriff oder panische Flucht. Sieht er aber den »Gegenbeller« nicht, ist der blöde Köter sichtlich irritiert und hechelt hektisch. Ein kleiner, hinter dem Gartenzaun oder in freier Landschaft versteckter Lautsprecher, der mit dem Smartphone verbunden ist, wird mit einer Hundegebell-App aktiviert, und das Chaos im Hundeverhalten kann beginnen. Für die Älteren unter uns: Ein Kassettenrecorder tut es auch.

➡ Hausmittel

Nicht direkt giftig, aber unangenehm und abstoßend auf Hunde wirken alte Hausmittel wie Essig, Salmiakgeist, Teebaumöl oder Zitronenduft.

➡ Inkontinenz

Sehr beliebt bei Hundegegnern ist die plakative Provokation der Hundebesitzer mit Hundewindeln. In drei Schritten lässt sich auf einer Hundewiese eine Hass-Spirale bei den Leinenhaltern aufbauen. Schritt 1: »Scheißt der?« – »Nein!« Schritt 2: »Doch, machen die immer, denn Kot und Köter gehören zusammen.« – »Nein, meiner nicht!« Schritt 3: »Macht ja nichts.« Und Übergabe einer Hundewindel: »Es muss ja nicht immer eine Windel aus dem Hundefachhandel sein, normale aus der Drogerie tun es auch.« – Wutausbruch folgt und nichts wie weg.

➡ Jagd

Die Hundekanone ist eine Erfindung aus den zwanziger Jahren des vergangenen Jahrhunderts, ein »Radfahrer-Schutz gegen Hunde« mit »Revolver-Feuerwerkspatronen«. Angepriesen wird dieses kleine Werkzeug in der umständlichen Werbesprache der damaligen Zeit als

»bestes und sicher wirkendes Mittel, um sich gegen die unangenehme Belästigung durch Hunde zu schützen. Die Hundekanone ist mit einer Schnur versehen, womit sie an der Lenkstange aufgehängt wird. Will man die Kanone abschießen, so genügt es, dieselbe abzuziehen und nach dem Hunde zu werfen; sie wird dann in der nächsten Sekunde explodieren.« Es war ein einfaches Mittel: Mit Knallern gegen Köter im Straßenverkehr – einmal geworfen, und die kläffenden Hunde springen erschrocken auseinander.

➥ Kothaufen

Der Umgang mit den Hinterlassenschaften bietet viele Möglichkeiten:

- Hundehaufen mit Flaggen-Zahnstochern markieren. Möglichst in der jeweiligen Landesfarbe. Flaggenpicker in den Haufen stechen und der nationale Hundehalter ärgert sich fürchterlich.

- Ein in der Mitte kreisrund ausgeschnittenes Blatt von oben über den Hundehaufen legen. Auf dem Rest des Blattes ist zu lesen: »Hier hat ein Schwein seinen Hund scheißen lassen!«

- Ist der Hundehalter bekannt, so »Schwein« durch vollen Vor- und Zunamen ersetzen.

- Hunde riechen gerne an den Haufen ihrer Artgenossen. Also Leckerlis oder andere Hundekuchen in den Kothaufen drücken und »Guten Appetit« wünschen.

➡ Läufigkeit

Rüden leiden sehr, wenn sie Duftstoffe des Läufigkeitssekretes von Hündinnen aufnehmen. Der Fortpflanzungstrieb macht sie unruhig, sie winseln, wollen dauernd raus, um zu schnüffeln und an die Hündin ran- und rüberzukommen. Ist da aber nichts, werden sie irre und gehen durch, hören auf kein »Komm – Sitz – Platz«. Sie wollen immer nur rammeln, rammeln und endlich rammeln. Sie fressen nicht mehr und rauben den Haltern den letzten Nerv. Schuld ist 17ß-Östradiol, das läufige Hündinnen über Urin und Kot ausscheiden. Das Hormon wird auch bei Frauen während des Menstruationszyklus gebildet, verhindert aber auch Osteoporose, senkt das Risiko für Herz-Kreislauf-Erkrankungen und reguliert die Hormonproduktion der Hirnanhangsdrüse. Daher: Medikament vom Hausarzt verschreiben lassen, die Tabletten zerstoßen, mit Flüssigkeit in eine Sprühflasche vermischen und ordentlich sprayen, wo immer es notwendig erscheint – bei Hundebesitzern, auf Hundewiesen oder vor Hundeboutiquen. Die Rüden gehen ab wie Lumpi.

➡ Maschendraht

Nicht senkrecht zwischen den Pfosten gezogen, sondern ausgerollt auf Rasen oder Erde, bewirkt ein ordinärer Kaninchenzaun wahre Wunder. Den Maschendraht locker ausrollen und mit Haken auf der Erde befestigen. Das Drahtgeflecht darf nicht zu stramm gespannt werden, sondern muss nachgeben und bei jeder Pfotenberührung in Bewegung geraten. Der drahtige, leicht nachgebende Untergrund irritiert den Hund.

Mit einem Bewegungsmelder, gekoppelt mit einer leistungsarmen Autobatterie, die mit dem Drahtgeflecht verbunden ist, lässt sich diese einfache Abschreckung noch optimieren. Sie ist vergleichbar mit einem Viehzaun.

➡ Nitrat

siehe (→) »Blaukorndünger«

➡ Obertöne

siehe (→) »Ultraschall«

➡ Pfahl

Laternenpfähle sind neben Hauswänden die beliebtesten Pinkelstationen für Hunde. Um ihnen diese Unart abzugewöhnen, verstehen es versierte Elektriker, den Pfahl intern unter Strom zu setzen – nur mit ein paar Lüsterklemmen. Laien benutzen dagegen eher eine Autobatterie. Korrekt umgesetzt, erzeugt der manipulierte Pinkelpfahl ein unangenehmes, abschreckendes Kribbeln.

➡ Qualitätsschokolade

Wieder so ein gemeines Leckerli, das Hund und Halter zur Verzweiflung treiben kann. Schokolade enthält Theobromin, das, ähnlich wie Coffein, eine anregende Wirkung hat. Diese göttliche (*griech.* »*theos*«) Speise (*griech.* »*broma*«) aus der Kakaobohne hat es aber in sich. Isst der Mensch genüsslich seine hochwertige Schokolade, so hockt der Köter vor oder neben ihm und bettelt mit gierigem Blick auch um ein kleines Stück. Aber im Gegensatz zum Menschen bauen Hunde das Theobromin bedeutend langsamer ab. Die Folgen des Genusses sind Durchfall und Erbrechen. Vorsicht aber ist auch für einen scheinheiligen Hundefreund geboten: Größere Mengen der Schokolade können durchaus zu tödlichen Vergiftungen führen.

➡ Return to sender

Ist der Halter eines kackenden Köters bekannt, so kann der Kot im handelsüblichen Kotbeutel eingesammelt und dem Besitzer und Halter wiederholt in den Briefkasten oder vor die Haustür gelegt werden. Bei Briefkastenaktionen unbedingt den Beutel zuknoten, denn sollten etwa Briefe mit dem Kot beschmiert werden, könnte dies als Sachbeschädigung eingestuft werden.

➡ Sprays

Das Angebot der Fernhaltesprays ist in den vergangenen Jahren enorm gestiegen. Über einen Kothaufen gesprüht, wird nicht nur Kot zersetzt und der unangenehme Gestank beseitigt. Auch ist der Eigengeruch der gesprayten Lösung für Hunde äußerst abschreckend. Andere Sprays sind auf Pfefferbasis direkt zur Hundeabwehr entwickelt worden. Sehr beliebt, nicht nur bei Postboten und Paketzustellern.

➡ Trommeln und Pfeifen

Tiefe Trommeltöne lassen nicht nur das Zwerchfell eines Hundehalters unangenehm vibrieren, sondern sind auch für die feinen Hundeohren eine dumpfe Belästigung, die sie schnell das Weite suchen lässt. Die hohen Töne aus einer Hundepfeife, oder noch höhere Frequenzen, die das menschliche Ohr nicht wahrnimmt, erzeugen in der Köterwelt eine ebenso große Dissonanz.

➡ Ultraschall-Vertreiber

Ein Bewegungsmelder, der mit einem Ultraschallgerät gekoppelt ist, bietet optimale Hundeabwehr. Hunde, die in diesen Bereich eindringen, werden durch diesen für die meisten Menschen nicht oder kaum hörbaren, für Hunde aber äußerst unangenehm lauten und hohen Ton im Ultraschallbereich von 18 bis 24 kHz vertrieben. Bereits nach mehrmaligen Erfahrungen hat auch die blödeste Töle begriffen, dass sie besser das Weite sucht. Das Gerät kann problemlos an frei stehenden Pfosten, am Gartenzaun oder an Wänden montiert werden. Bei einem Winkel von 70 Grad und einer Reichweite von zehn Metern lassen sich ca. 85 Quadratmeter sichern.

➡ Verpiss-Dich-Pflanze

Im Englischen heißt die Pflanze *Dog's Gone-Plant* und macht ihrem Namen alle Ehre. Doch auch als deutsche *Verpiss-Dich-Pflanze* erfüllt sie ihren Zweck. Kommt ein Hund in ihre Nähe, verpisst er sich wegen des strengen, für Menschen nicht wahrnehmbaren Geruchs tatsächlich. Die Züchtung des schwäbischen Gärtners Dieter Stegmeier ist ungiftig, aber sehr wirksam.

➡ Warnungen

Bei Hundebesitzern geht beständig die Angst vor Hundehassern um. Am meisten fürchten sie sich vor präparierten Ködern. Desinformation ist eine gute Waffe in den Händen der Anti-Hunde-Guerilla: Einfaches Anbringen von schlichten Warnblättern auf beliebten Hundewanderwegen oder Wiesen wirkt wahre Wunder. Ein »Vorsicht! Giftköder!« reicht völlig aus, und Hund und Halter gehen andere Wege.

➡ Ein X für ein U vormachen

Seit den Zeiten von Wilhelm Busch und seinen Figuren »Max und Moritz« ist »Hunde-Foppen« gerade unter pubertierenden Jugendlichen ein beliebtes Spiel, das die Jahrhunderte überdauert hat. Es geht vom Wurtszipfel-Wegziehen, über mit (→) Hausmitteln präparierten Lebensmitteln bis zu verlockenden (→) Duftstoffen, die nicht halten, was sie versprechen.

➡ Ytong-Steine

Mit diesem dampfgehärteten Leichtkalkbeton und einem Schnellkleber lassen sich in Windeseile Hundehütten zumauern. Egal, ob der Hund in der Hütte ist (auf genügend Luftzufuhr achten) oder aber nach einem abendlichen Kotgang wieder hinein will – die Verwirrung bei Hund und Halter ist doggengroß.

➡ Zwiebeln und Knoblauch

Seit Jahren wird das Thema Zwiebelgewächse in der auf den Hund gekommenen Halterszene heiß diskutiert: nützlich oder gefährlich? Fakt ist, dass Zwiebeln und Knoblauch Wirkstoffe enthalten, die eine Zerstörung der roten Blutkörperchen hervorrufen können. Grundlegend kann aber gesagt werden: Geringe Mengen sind für Hunde durchaus verträglich, höhere Mengen können zu Durchfall und Erbrechen führen. Ein leckeres Zaziki kann also zwei erfreuliche Nebenwirkungen haben: Der Halter stinkt und der Köter kotzt.

Fünf Schüsse auf dem Friedensplatz

Pummi war ein Nachkriegshund, aufgewachsen in einer Zeit, als auf Hamburgs Straßen englische Soldaten Präsenz zeigten, denn die Hansestadt lag im britischen Sektor Deutschlands. Kurz nach Kriegsende sollen sie öfter Schießübungen auf streunende Hunde veranstaltet haben, doch die britischen Kontrolloffiziere griffen hart durch und unterbanden diesen Freizeitspaß. Und die Deutschen besaßen offiziell keine Waffen mehr. Der Schusswaffengebrauch gegen Hunde war damals die absolute Ausnahme.

Ganz anders heute. So manche Töle wird über den Gartenzaun im Nachbarschaftsstreit erschossen, frei laufende Hunde werden in den Wäldern als vermeintliche Wölfe erlegt, oder Polizisten sehen eine öffentliche Gefahr und greifen zur Schusswaffe. So auch in der hessischen Opel-Stadt Rüsselsheim, in der ein Polizeieinsatz zu massiven Protesten und wutentbrannten Demonstrationen führte. Es war ...

... ein ganz normaler Tag in Deutschland. Es ist der 23. September 2014, ein Dienstagmorgen, 7.45 Uhr: Zwei Kampfhunde laufen in der Rüsselsheimer Innenstadt frei herum, haben weder Halsband noch Maulkorb. Von den Besitzern keine Spur. Zwei Passanten werden gebissen: der eine in Hand, Arm, Bein und Fuß; der andere ganz klassisch in den Hintern. Die beiden American Staffordshire Terrier sind nicht zu beruhigen und schon gar nicht einzufangen. Polizeisprecher Sebastian Trapmann sagt später, die Polizei habe die beiden Terrier mit fünf Kugeln getötet, da eine Gefährdung für Unbeteiligte zu diesem Zeitpunkt nicht mehr auszuschließen gewesen sei.

»Der Hund hätte mich umgebracht«, so eines der Opfer gegenüber dem *Darmstädter Echo*.

Einer der Besitzer, David B., sagt der Regionalzeitung, die Erschießung sei eine Hinrichtung gewesen. Die Hunde seien lieb, warmherzig und fröhlich. Sie hätten sich über jeden gefreut. Als Welpen hätten sie am liebsten mit Luftballons gespielt.

Die Facebook-Seite »Kimbo & Tays R. I. P.«, die »offizielle Homepage« für die »Trauergemeinde«, verzeichnet schon nach zwei Wochen 16 000 Besucher. Virtuell können Kerzen angezündet werden. »Jetzt seid ihr im Himmel als Engel, dort, wo euch niemand mehr weh tun kann«, hat jemand ins virtuelle Kondolenzbuch geschrieben. Ein irrationaler Kult für Hunde lässt grüßen aus der Hunderepublik Deutschland. Im Netz werden T-Shirts und Kapuzenpullis mit den Fotos der beiden Hunde angeboten. Die Aufschrift lautet: »Killed by Cops – Kimbo & Tays«. Zu einer »Gerechtigkeits-Demonstration« kommen zwischen 400 (Polizei) und 2200 (Veranstalter) Teilnehmer und empören sich.

Im *Darmstädter Echo* mit seiner Lokalausgabe Rüsselsheim ist die Kampfhund-Attacke mit anschließender Erschießung tagelang DAS Topthema: 155 000 Klicks auf der Homepage. Beim Aufstieg in die Zweite Bundesliga der Lilien vom SV Darmstadt 98 zählte die Zeitung nur knapp die Hälfte.

Es war ein ganz normaler Dienstagmorgen in Deutschland.

Kampfhunde oder
wo der Hammer hängt

Im Allgemeinen war Pummi laut, fies, ständig zuschnappend und hundsgefährlich. Vor allem aber war er an menschlichen Maßstäben gemessen hinterhältig und feige. Er würde heute sicherlich in den Beißstatistiken für auffällige Hunde geführt werden, unter den traditionellen Begriff Kampfhund aber würde er nicht fallen. Auch hatte Pummi kaum Ähnlichkeit mit meinem Großvater.

Ganz anders sieht es bei den Besitzern von klassischen Kampfhunden aus. In der Klischee-Skala über die Ähnlichkeit von Hund und Halter stehen diese gefährlichen Prototypen ganz oben. Den kraftstrotzenden, unruhigen Gang eines Bullterriers oder Pitbulls findet man in den nervös-tänzelnden, aber dennoch bodenständigen Ausfallsschritten ihrer GYM-trainierten Befehlsgeber wieder. In unzähligen Trainingseinheiten haben sie sich die gedrungene Körperhaltung angezüchtet, die ein blitzschnelles Zuschlagen und Zubeißen signalisiert. Ebenso ist ihnen ein treudoofer Blick eigen, der jederzeit zu einem stechenden Fixieren mit gemeiner Hinterhältigkeit mutieren kann. Und sie haben das gleiche Leinenverhalten. Ständig zerren sie ruckartig an ihrer Hundeleine: Kampfhund unten, Besitzer oben. Beide wollen zeigen, wo der Hammer hängt.

Vorbei sind die Zeiten, als die Gleichung »Zuhälter + Kampfhund = erfolgreich auf dem Kiez« noch stimmte.

Mittlerweile ist der Kampfhund in der Mitte der unterprivilegierten Gesellschaft angekommen. Zuhälter, die heute etwas auf sich halten, sind längst auf eine Englische Bulldogge oder einen Rhodesian-Ridgeback umgestiegen und nennen ihre Aushängeschilder »Churchill« oder »Rolls-Royce«. Gönnerhaft tragen sie den weißen Puschel der »Freundin«, oder führen den Mops ihres »Freundes« aus. Mit Kampfhunden verbindet sie heute oft nur noch eins: Hundekämpfe.

Einen der Veranstalter dieser illegalen, tödlichen Wettkämpfe habe ich als Gerichtsreporter der Hamburger Morgenpost immer wieder vor Gericht getroffen. Nennen wir ihn »Shorty«:

Bürgerlich heißt er Karl-Heinz M. und hat zwei große Leidenschaften: das Boxen und die Hundezucht. Nach seiner aktiven Zeit in der legendären »Ritze« stieg er in die Hundekampf-Szene um. Für ihn war es eine logische Entwicklung. Bereitwillig erklärt er den Zusammenhang: »Jeder, der scharfe Hunde züchtet, will sie auch kämpfen sehen. Die Regeln sind im Prinzip die gleichen, nur eben härter. Gekämpft wird bis zum Umfallen.« Und die Wetteinsätze seien bedeutend höher als am Boxring.

Wir sitzen im »Silbersack«, einer kleinen Kneipe in der Nähe der Reeperbahn. Shorty ist nicht klein und untersetzt, sondern ein durchtrainierter Mittelgewichtler mit Schnauzbart und Pferdeschwanz. Bedächtig erklärt er mit der schlichten Logik vom Kiez, warum er zu diesem Gespräch bereit ist: »Die Schmiere hat etliche Kampfplätze auffliegen lassen.« Tatsächlich schlug die Polizei in den letzten Jahren bei geheimen Hundekämpfen mehrfach zu:

Eine Berliner Villa wurde ausgehoben, in der ein 34-Jähriger regelmäßig für Zocker aus ganz Deutschland die Kämpfe organisierte. In Hessen kam das Landeskriminalamt einer »Kampfhund-Mafia« mit Zentrale in Marburg auf die Spur. Und im Raum Bayreuth wurden Hundekämpfe mit türkischen Hirtenhunden, den Kangals, aufgedeckt. Laut der Kriminalpolizei Ludwigsburg führte die Spur auch in das Rockermilieu der »Black Jackets«.

Shorty ist über diese Entwicklung alles andere als erfreut: »Das macht das Geschäft kaputt. Du kriegst deine Story. Schreib ruhig irgendeinen Dreck, aber schreib die Geschichte. Ich will, dass die Leute wissen, dass es uns noch gibt.«

Hundekämpfe sind für einen Hundehasser eine verzwickte Angelegenheit. Einerseits kann Freude aufkommen, wenn die Kampfmaschinen sich gegenseitig zerfleischen und dezimieren. Nach inoffiziellen Zahlen sterben in den USA, wohin der »Dogfight« etwa 1850 aus England importiert wurde und sich schnell großer Beliebtheit erfreute, jährlich 1500 Pitbulls im Kampf. Also eineinhalbtausend Köter weniger, eine beachtliche Zahl.

Auf der anderen Seite aber gilt auch hier das kapitalistische System von Angebot und Nachfrage. Je mehr Kampfhunde im »Pit«, dem Ring, ihre »Matches« verlieren und sterben oder nachträglich erschossen werden, desto größer auch die Notwendigkeit in der Szene, für Frischfleisch zu sorgen, neue Kampfhunde zu importieren oder nachzuzüchten.

Shorty ist einer dieser Züchter. Er beschafft sich »Pitbulls mit den besten Blutlinien« in den USA und den Niederlanden und züchtet daraus besonders aggressive Tiere. »Meine Hunde sind stark, belastbar und haben keine Angst. Sie sind so scharf, dass sie eine heiße Hündin lieber zerfleischen, als sie zu decken«, prahlt er beim zweiten Bier. Aber es stecke auch viel Arbeit drin, »um sie auf ein Match vorzubereiten«:

Sie absolvieren ein tägliches Intervall-Training von 90 Minuten, auf einem speziellen Laufband. »Schlappmachen gibt's nicht«, fährt der Züchter in sachlichem Ton fort: »Sie sind vorne am Laufband angekettet und müssen mit jedem Geschwindigkeitswechsel Schritt halten.« Danach gehe es etwa eine Stunde an die Schaukel oder den Schwingbalken, die beide mit einem blutdurchtränkten Stoff fest umwickelt sind. Hier werde an dem beweglichen Objekt das Zubeißen, Ausweichen und Dranbleiben geübt. Dann folgt ein zweistündiger Spaziergang und zum Ausklang eine 30-minütige Muskelmassage plus einem speziellen Vitamin-Cocktail und – natürlich – Anabolika. Nach dieser Behandlung werden sie bis zur nächsten Trainingseinheit in schmale Hundezwinger, die »Aggro-Boxen« gesperrt. Der Todesbiss wird nicht im Training eingeübt. Entweder beherrscht ihn ein scharfer Pitbull von Geburt an, oder er wird aussortiert, »weggemacht«, wie Shorty es nennt.

Der Pitbull-Trainer weiß, wovon er spricht. »Wir haben unseren Hunden einen genetischen Defekt angezüchtet«, sagt er, »das Programm heißt, andere Hunde zu töten. Und nichts anderes. Sie haben den Killerinstinkt, den wir in jedem weiteren Hund züchten wollen.« Er lehnt sich zufrieden zurück, so wie ein Förster, der von seinem

folgsamen Vorstehhund schwärmt. Denn wie jeder erfolgreiche Hundezüchter ist auch Shorty schwer im Geschäft. Selbstgefällig nippt er an seinem Bier. »Bis zu vierzig Riesen kostet ein Deckrüde, der mehrere Kämpfe überlebt hat. Und ein Welpe aus einem guten Wurf bringt um die zehntausend Euro«, weiß er zu berichten.

Doch das ganz große Geld ist bei den Kämpfen selbst zu machen. »Mehr als mit Drogen«, so Shorty. Die Szene trifft sich meist an Wochenenden – überall in Europa in Einzelhäusern, Scheunen oder Dorfdiskotheken nach Feierabend. Bis zu fünfzig Männer stehen dann am »Pit« – der vier mal vier Meter umzäunten Kampffläche – und verwetten kleine Vermögen. »Hier mischt sich alles und jeder.« Der Exboxer lacht vor sich hin. »Das ist wie damals im Boxring: Kiez und Korruption, Unterwelt und die oberen Zehntausend.« Es wetten Immobilienmakler, Autohausbesitzer, Beamte und Zuhälter, aber auch Richter, Ärzte, Anwälte und Polizisten. Es ist eine verschwiegene Gemeinschaft. Neu dabei sein darf nur, wer einen Bürgen mitbringt.

Gewettet wird auf alles: auf den Gewinner, die Dauer des Kampfes und ob der Verlierer tot oder lebendig den Pit verlässt. Die Wetteinsätze bewegen sich oft in einem sechsstelligen Bereich, also 100 000 Euro oder mehr.

Neben den Hunden ist ein Schiedsrichter im Ring. Verbeißen und verkeilen sich die Hunde beim Kampf ineinander, so trennt dieser sie wie beim Boxen voneinander. Mit einem »Breaking Stick« aus Hartholz oder Kunststoff hebelt er die Kiefer auf. Für eine kurze Pause dürfen die Hunde in die Ecke zu ihren Besitzern, werden mit einem Schwamm kurz frisch und mit harten Worten noch aggressiver gemacht. Dann werden sie wieder aufeinander losgelassen – so lange, bis einer nicht mehr laufen kann und dem anderen der tödliche Biss gelingt.

Ein neuer Trend bereitet Shorty Sorgen. Die Digitalisierung macht auch im Bereich der Hundekämpfe nicht halt: Zunehmend werden Hundekämpfe live im Netz gezeigt, und es wird online gewettet. Die Server stehen in Russland, der Ukraine oder Georgien. »Dieser Online-Mist«, empört sich der Züchter vom Hamburger Kiez, »macht den Sport kaputt. Da ist nichts mehr von dem aufregenden, ehrlichen Gefühl am Pit.«

Noch größere Angst aber hat er vor einer Legalisierung der Hundekämpfe: »Dann können wir einpacken. Dann gibt es hier pakistanische Verhältnisse.« Tatsächlich sind auch in Pakistan Hundekämpfe offiziell verboten, finden aber regelmäßig unbeanstandet in den Wintermonaten statt. Es sind wahre Volksfeste mit Musik- und Tanzeinlagen, zu denen Tausende strömen. Doch wie bei Massenveranstaltungen üblich, sind die Wettquoten recht niedrig. »In Pakistan gibt es bei einem Gewinn oft nur ein paar Dollar«, weiß der Hamburger zu berichten. Das würde auch hier den Markt verderben.

Aber noch sei es nicht so weit und bis zu einem Ende der illegalen Hundekämpfe müsse »noch viel Wasser die Elbe runterfließen. Unsere besten Verbündeten sind die Tierschutzvereine, die vehement gegen die Hundekämpfe wettern. Die lassen nicht locker. Wie ein guter Pitbull«, schmunzelt er abschließend.

Mit Paragraphen an der Hundefront – Ein juristischer Streifzug

Pummi hat in der Wohnung immer Krach gemacht, Polizeiuniformen zerfetzt, uns Kinder ständig verängstigt, mich in die Wade gebissen, aber Ärger mit dem Vermieter hat es nie gegeben. Und keiner der Nachbarn hat jemals Anzeigen gegen meinen Großvater erstattet. In den Jahren nach dem Krieg hatten die Hamburger andere Sorgen. Wer eine Wohnung hatte, schätzte sich glücklich und wollte keinen Ärger mit den Nachbarn haben. Und wer von einem Hund gebissen wurde, war zwar wütend, tat die Verletzung aber im Vergleich mit erlebten Kriegsgräueln als Lappalie ab. Auch über die Hundehaufen regte sich damals selten jemand auf.

Ganz anders heute: Mietgerichte beschäftigen sich mit Hundehaltung in der Wohnung, Urin im Treppenhaus, Kothaufen auf Treppenstufen oder im Vorgarten. Verwaltungsgerichte entscheiden über Kampfhunde anhand von Beißstatistiken, Strafgerichte ahnden Hundeattacken. Hund und Halter, Kot und Köter haben eine breite juristische Fährte gelegt. Bei vielen Prozessen war ich als Spezialist für diverse Zeitungen dabei. Hier habe ich eine – selbstredend hundefeindliche – Auswahl meiner Lieblings-Urteile deutscher Gerichte zusammengetragen:

MIETRECHT

Haltung eines Bullterriers:

Der Vermieter kann einem Mieter untersagen, in der Mietwohnung einen seiner Art nach gefährlichen und unberechenbaren Bullterrier zu halten. Das gilt selbst dann, wenn der Mietvertrag das Halten von (nicht näher bezeichneten) Haustieren grundsätzlich erlaubt.

Mit dieser Entscheidung bewertete das Landgericht Nürnberg-Fürth die Sicherheit der übrigen Hausbewohner höher als die Tierliebe einer Mieterin. Diese hatte einen knapp einjährigen, nach ihrer Meinung völlig zahmen und verspielten Bullterrier angeschafft. Die Vermieterin hingegen befürchtete Schlimmes für die übrigen Hausbewohner.

LG Nürnberg-Fürth AZ 7 S 3264/90

Gebrauchsspuren durch den Hund

Ein zur Miete wohnender Hundehalter riskiert die Kündigung seiner Wohnung durch den Vermieter, wenn der Hund die Wohnung in beträchtlichem Umfange beschädigt. Mit diesem Argument verurteilte das Gericht einen Hundehalter zur Wohnungsräumung, weil sein Hund die Terrassentür und die drei Fenster des Wohnzimmers erheblich zerkratzt hatte.

LG Oldenburg AZ 2S 415/95

Verunreinigung des Teppichbodens

Verunreinigt der Hund eines Mieters den Teppichboden in der angemieteten Wohnung dadurch, dass er dorthin erbricht, so haftet der Hundehalter und Mieter dem Vermieter auf Schadensersatz.

AG Böblingen AZ 2 C 3212/96

Hundekot im Garten

Die Mieter einer Erdgeschosswohnung hatten laut Mietvertrag die Berechtigung, den Garten zu benutzen und die Verpflichtung, ihn auch zu pflegen. Die Vermieterin behielt sich im Mietvertrag das Recht vor, den Garten als Auslauf für ihren Hund mit zu nutzen. Nach wenigen Monaten weigerten sich die Mieter jedoch, den Garten weiter zu pflegen, solange der Hund den Garten »verkote«. Das Landgericht gab den Mietern recht. Wenn der Garten nicht nur zum Auslauf, sondern als »Hundeklo« genutzt werde, sei die Nutzung für die Mieter, die zudem ein Kleinkind hatten, eingeschränkt.

LG Köln AZ 12 S 185/94

Geruchsbelästigung durch den Hund

Verunreinigt ein Hund das Treppenhaus und kommt es deshalb zu Geruchsbelästigungen, ist eine Mietminderung um 20 % möglich.

AG Münster AZ 8 C 748/94

Besuchshund

Hat sich der Mieter in einem Formularmietvertrag verpflichtet, auf die Hundehaltung in seiner Wohnung zu verzichten, ist er nicht berechtigt, den Hund eines anderen zwecks Beaufsichtigung für einen Zeitraum von mehr als drei Tagen aufzunehmen.

AG Bergisch Gladbach AZ 23 C 662/93

Generelles Tierhalteverbot

Steht im Mietvertrag, dass der Mieter keine Hunde oder Katzen halten darf, dann gilt das auch. Das Grundrecht des Mieters auf freie Entfaltung der Persönlichkeit wird nicht verletzt.

BVG AZ 1 BvR 126/80

Verbot der Hundehaltung

Ein im Mietvertrag festgeschriebenes Verbot der Hundehaltung in der Mietwohnung ist rechtsmissbräuchlich, wenn der Mieter auf die Haltung eines Tieres aus gesundheitlichen Gründen angewiesen ist und die Interessen des Vermieters hierdurch nicht verletzt werden. Aber: Ein »Angewiesensein« aus gesundheitlichen, psychischen Gründen liegt nicht vor, wenn das Halten eines Tieres nicht die einzig zumutbare Möglichkeit zur Überwindung einer depressiven Störung ist. In diesem Falle ist der Mieter verpflichtet, sich an das Tierhaltungsverbot zu halten.

LG Hamburg AZ 316 S 44/94

Zwei Schäferhunde

Eine Einzimmerwohnung ist grundsätzlich als ungeeignet zum Halten zweier ausgewachsener Schäferhunde anzusehen.
AG Frankfurt/Main AZ 33 C 4476/98

Abschaffung des Hundes

Um die Abschaffung eines Hundes verlangen zu können, muss der Vermieter triftige Gründe haben. Einen triftigen Grund sah das Gericht Hamburg-Altona, wenn ein Hund wiederholt das Treppenhaus verunreinigt und in fremde Wohnungen eindringt.
AG Hamburg-Altona AZ 316 a C 97/89

Hundegebell

Störendes Bellen der in einer Nachbarwohnung gehaltenen Hunde rechtfertigt die Mietminderung.
AG Düren AZ 8 C 724/88

Hundeverbot wegen Hundehaarallergie

Wenn ein Mieter im Haus an einer starken Allergie gegen Hundehaare leidet, kann der Vermieter den anderen Mietern im Haus das Halten eines Hundes verbieten.
AG Aachen AZ 85C

Große Hunde im Garten

In einem Zweifamilienhaus schaffte sich die im Erdgeschoss wohnende Familie einen Bernhardinerwelpen für die 11-jährige Tochter an. Die spielte mit dem Hund im Garten, was die jüngeren Kinder der Familie im Obergeschoss (zwei und sechs Jahre) in Angst und Schrecken versetzte. Das Amtsgericht untersagte, den nachbarlichen Hund im gemeinsamen Garten frei laufen zu lassen. Das Oberlandesgericht Karlsruhe bestätigte in dritter Instanz das Urteil: »Obwohl der Hund noch niemals jemanden gebissen habe, folgt schon aus seiner enormen Größe, dass er sich nicht unangeleint und ohne Aufsicht in einem Garten aufhalten dürfe, in dem kleine Kinder spielen. Auch die Ausscheidungen eines Hundes können den übrigen Bewohnern des Hauses nicht auf dem eigenen Gelände zugemutet werden – selbst wenn er entwurmt ist«.
OLG Karlsruhe AZ 14 Wx 22/08 85/05

Renovierung bei Tierhaltung

Ist die Haltung »eines Kleintiers« in einer Mietwohnung erlaubt, doch ein Mieter beherbergt sieben Katzen, einen Schäferhund und zwei Chinchillas in seiner Zweizimmerwohnung, ohne dass der Vermieter davon wusste, so kann dieser verlangen, dass beim Auszug die Holzdecke gereinigt und die Wände neu tapeziert und gestrichen werden, weil die von den Tieren verursachten Gerüche ansonsten noch geraume Zeit in den Wohnräumen nachhängen würden.
LG Mainz, AZ 6 S 28/01

Bellzeiten I

In ländlichen Gebieten dürfen Hunde in den Ruhezeiten (22.00 bis 7.00 Uhr sowie 13.00 bis 15.00 Uhr) die Nachbarn durch Hundegebell nicht belästigen.

LG Mainz, 6 S 87/94–04/96

Kläffen

Mehr als eine halbe Stunde anhaltendes Kläffen täglich bzw. länger als zehn Minuten dauerndes Bellen in den Zeiten von 13.00 bis 15.00 Uhr und von 19.00 bis 8.00 Uhr ist der Nachbarschaft nicht zuzumuten.

OLG Hamm, 22 U 265/87

Bellzeiten II

Im Nachbarrechtsverhältnis ist verankert, dass der Nachbar durch Hundegebell nicht übermäßig gestört werden darf. Er hat aber keinen Anspruch darauf, dass der Hund nur zu bestimmten Zeiten und nur eine gewisse Zeitspanne bellen darf. Denn solche festgelegten Bellzeiten können einem Tier nicht verständlich gemacht werden. Dies gibt dem Hundehalter allerdings keinen Freibrief für unbegrenztes Hundegebell. Hier muss der Hundehalter reagieren, andernfalls muss er den Hund abschaffen, wenn der Nachbar sich schwer oder sogar gesundheitlich in seinem Ruhebedürfnis gestört fühlt.

LG Schweinfurt, AZ 3 S 57/96

Winseln und Jaulen

Hundegebell, Winseln oder Jaulen auf dem Nachbargrundstück ist nur außerhalb der Zeitspannen von 13.00 bis 15.00 Uhr sowie von 22.00 bis 06.00 Uhr gestattet, und zwar nicht länger als zehn Minuten ununterbrochen und insgesamt 30 Minuten täglich.

OLG Köln, AZ 12 U 40/93

Mietminderung

Störendes Bellen der in einer Nachbarwohnung gehaltenen Hunde rechtfertigt die Mietminderung.

AG Düren, AZ 8 C 724/88

Bellen eines Wachhundes

Der Hausmeister einer Schule hielt einen Wachhund. Das Tier bellte unmotiviert zu jeder Zeit und störte die Nachbarn im Schlaf. Vom Amtsgericht wurde der Hundehalter zu 600,– DM Bußgeld verurteilt. Das Oberlandesgericht bestätigte die Entscheidung: Dem Tier sei keine Bellfreiheit zuzubilligen. Der Hund darf im Rahmen seiner Tätigkeit nicht auf jedes Geräusch reagieren. Nach einem Alarmgebell habe der Hundehalter unverzüglich für Ruhe zu sorgen.

OLG Düsseldorf, AZ 5 ss – Owi – 170/90–87/90

Kampfhund

Ein Vermieter ist berechtigt, dem Mieter die Haltung eines Bullterriers in einem Mehrparteienhaus zu untersagen. Denn auch ein Vermieter hat die Pflicht, Gefährdungen anderer Mieter auszuschließen. Mit dem Bullterrier hat sich der Mieter für einen Hund entschieden, der in unkundigen Händen zu einer gefährlichen Waffe werden kann. Die muss der Vermieter nicht dulden, schon gar nicht dann, wenn der Hundehalter keine Gewähr dafür bietet, dass sich dieses Gefährdungspotential nicht gegen andere Mitmieter richtet.

LG Krefeld, AZ 2 S 89/96

KÖRPERVERLETZUNG

Beißerei

Wenn ein Hundehalter zum Schutz seines von einem größeren Hund angegriffenen Hundes in eine Beißerei eingreift und dabei Bissverletzungen erleidet, so haftet der Halter des angreifenden Hundes.

LG Flensburg, AZ 1 S 119/95

Tierarzt gebissen

Beißt ein Hund einen Tierarzt während der Behandlung, so ist der Tierbesitzer gegenüber dem Tierarzt unter Umständen schadenersatzpflichtig. So entschied das Gericht in einer Schmerzensgeldklage eines Tierarztes aus der Gegend von Hamm gegen einen Hundehalter. Obwohl der Tierbesitzer seinen Hund während der Behandlung festhielt, biss der Hund den Tierarzt in die Hand. Die Richter gaben dem Tierarzt recht: Der Hundehalter müsse sein Tier so im Griff haben, dass Dritte nicht zu Schaden kommen.

OLG Hamm, AZ 6 U 14/02

Schmerzensgeld

Hundebissverletzungen sind nicht nur äußerst schmerzhaft, sondern hinterlassen oftmals auch unschöne Narben, weil es sich nicht um glatte Schnittverletzungen handelt, sondern um ausgerissene und ausgefranste Fleischwunden. Gerade solche Hundebissverletzungen im Gesichtsbereich mit bleibenden, mehrere Zentimeter langen Narben rechtfertigen bei einem acht Jahre alten Mädchen ein Schmerzensgeld von DM 20 000.

OLG Celle, AZ 20 U 17/96

HUNDESTEUER

Kampfhundesteuer I

Die Erhebung einer erhöhten Steuer für Kampfhunde ist rechtens, so der Hessische Verwaltungsgerichtshof. Gemeinden dürften die Hundesteuer auch zu Lenkungszwecken verwenden, um das Halten gefährlicher Hunde einzudämmen, begründete der VGH seine Entscheidung. Das Gericht billigte darüber hinaus eine Liste mit besonders gefährlichen Hunderassen, »die auf Angriffslust oder übertriebene Kampfesbereitschaft gezüchtet wurden«.

VGH Kassel, AZ 5 N 94/00

Wachhund

Wer einen Wachhund zum Bewachen nicht nur des landwirtschaftlichen Betriebs, sondern auch des zugehörigen Wohnhauses hält, kann zur Hundesteuer herangezogen werden. Dies entschied der 14. Senat und wies damit die Klage eines Landwirts aus Soest zurück. Die Haltung des Wachhundes auf der Hofstelle diene nicht nur der Bewachung des Betriebsgebäudes, sondern auch des zum Hof gehörenden Wohnhauses. Eine Revision gegen das Urteil wurde vom Gericht nicht zugelassen.

OVG Münster, AZ 14 A 1569/03

Kampfhundesteuer II

Ein Halter von zwei American Staffordshire Terriern soll das Vierfache des normalen Hundesteuer-Satzes bezahlen. Die Begründung lautet, seine Terrier seien Kampfhunde und als solche extrem gefährlich. Das Gericht wies seine Klage zurück, die Vorgehensweise der Gemeinde sei rechtens. Für Kampfhunde bestimmter Rassen dürften höhere Steuersätze festgelegt werden. Für die

Steuererhebung sei das »abstrakte Gefährdungspotential« einiger Rassen nicht unerheblich.

OVG Koblenz, AZ 6 C 10609/02

SONSTIGES

Ungewollter Deckakt

Wird eine Hündin durch einen ungewollten Deckakt trächtig, wird der Deckakt als Sachbeschädigung angesehen. Im Rahmen der Schadensminderungspflicht ist in einem solchen Fall der Halter der Hündin jedoch verpflichtet, eine Abtreibung vornehmen zu lassen.

LG Kassel, AZ ZfS 81,263

Hausratversicherung

Verlässt ein Hundebesitzer für kurze Zeit seine Wohnung und sperrt seinen Vierbeiner im Badezimmer ein, so kann das Herrchen keinen Schadenersatz von seiner Hausratversicherung verlangen, wenn es dem Hund gelingt, Toilettenpapier ins Klo zu stopfen und so oft die Spülung zu betätigen, dass die Wohnung überschwemmt wird.

LG Hannover, AZ 19 S 1986/99

Sitz – Platz – Fass

Pummi hat nie eine Ausbildung gehabt oder adäquate Hundeerziehung genossen. Das Konzept meines Großvaters – wenn man überhaupt von einem Konzept sprechen kann – war schlicht und einfach: Fressen plus nette Worte, oder Schläge zusammen mit lautem Geschimpfe. Das musste reichen. Im Nachkriegsdeutschland war kein Platz für Hundetrainer oder Hundeschulen. Zwar hätte auf Ausbildungserfahrungen aus dem Nationalsozialismus zurückgegriffen werden können, aber in den 1950er Jahren konnte sich niemand mehr an diese Zeit erinnern.

Nach der aktuellen Heimtierstudie von Renate Ohr an der Georg-August-Universität Göttingen gibt es heute 6,9 Millionen Hunde in Deutschland. Der Wirtschaftsfaktor Hund ist beträchtlich, und wird von der Wissenschaftlerin mit 4,6 Milliarden Euro beziffert. Knapp 100 000 Arbeitsplätze sind auf den Hund gekommen. Mehr als 2500 Hundeschulen gibt es bundesweit. Hier wird ausgebildet, abgerichtet, gedrillt, erzogen und auch umerzogen. Verhaltensgestörte Köter sollen wieder brav in die menschliche Gesellschaft zurückgeführt werden.

Einer dieser Hundedompteure ist der 42-jährige Emanuel Hauser, den ich im hessischen Taunus besuchte:

Seine großen Vorbilder sind der deutsche Hundeprofi Martin Rütter und noch mehr der amerikanische Hundeflüsterer Cesar Millan. So unterschiedlich sie auch sein mögen, eines haben sie gemein: den Erfolg mit eigenen TV-Shows, ausverkauften öffentlichen Vorführungen und sogenannten Sachbüchern in Millionenhöhen.

Der Deutsche geht mit einer pseudo-einfühlsamen und gewollt-witzigen Weise an das Thema Hund heran, der Amerikaner überzeugt eher mit Rambo-anmutender Brachialgewalt bei seiner Hundeerziehung.

Auch Emanuel Hauser kann Erfolge vorweisen. Er hat so manche Bestie gezähmt, bulimische Windhunde wieder an den Fressnapf gebracht oder inkontinenten Kläffern die Windeln abgenommen und sie zum natürlichen Koten auf Wege und Wiesen zurückgeführt. Aber das scheint für niemanden von großem Interesse zu sein, keine Spur von einem zukünftigen Massenerfolg.

Vielmehr plagen den 42-jährigen Hessen aus Oberursel im Taunus ganz andere Sorgen im Hier und Jetzt. Er bangt um seine Zulassung als Hundetrainer, wartet auf eine amtliche Genehmigung, dass er seine Hundeschule »Rex-Taunus« weiterführen darf. Früher war der Beruf des Hundetrainers für alle offen. Jeder und jede konnte ihn ausüben, egal, ob die Praxiserfahrung aus der Tätigkeit in einer der zahlreichen Hundeschulen kam oder am heimischen Dackel erprobt wurde. Aber seit 2014 benötigt jeder, der gewerbsmäßig »für Dritte Hunde ausbilden will«, eine »Erlaubnis der zuständigen Behörde«. Die Erteilung des kynologischen Führerscheins ist nach Paragraph 11 des Tierschutzgesetzes geregelt.

»Geregelt ist aber überhaupt nichts«, stellt Emanuel Hauser genervt klar. Es ginge zu wie auf einer öffentlichen Hundewiese ohne klare Anweisungen, wo alles durcheinander tobt, bellt und kackt. Es gibt keine Prüfungsordnung für Hundetrainer, keinen Katalog, wie Veterinärämter mit erlangten Bescheinigungen und Diplomen umzugehen haben. Lediglich die Zuständigkeit der Amtstierärzte ist geregelt. »Doch die entscheiden sehr eigenwillig«, ergänzt Hauser, der jetzt sichtlich erregt ist. »Die können kalt wie eine Hundeschnauze sein.«

Er steht in seinem Büro vor einem Sideboard, auf dem mehrere Pokale und ein Diplom für Hundetrainer zu bewundern sind. Und jede Menge Fotos von ihm und seinen vierbeinigen Schülern sind zu sehen: Hauser mit Armschutz, Peitsche und einem beißenden Schäferhund. Hauser mit einem Chihuahua, der sich offensichtlich weigert, durch eine Röhre zu kriechen. Oder Hauser mit zwei Pitbulls, die er auf die Knie, beziehungsweise Vorder- und Hinterläufe zwingt.

Auch wenn er seinen Trainerberuf auf Grund der neuen diffusen Rechtslage möglicherweise nicht weiter ausüben kann, aufgeben will er nicht: »Auf keinen Fall. Da bin ich zäh wie ein Terrier. Sternzeichen Terrier sozusagen.«

Einen Plan B hat er längst in der Tasche. Er wird seine Schule »Rex-Taunus« auf Beratung und Zucht umstellen: »Viele Menschen wollen einen Hund, wissen aber nicht, was für einen.« Früher hätte er oft mit den potentiellen Leinenhaltern lange Gespräche geführt und sie bei den Auswahlkriterien beraten. Doch wenn es dann zum endgültigen »Der soll es sein« kam, hätte sich meist das Bauchgefühl durchgesetzt. Das Herrchen wollte den großen, scharfen Schäferhund, der Achtung und Respekt beim Gang durchs Viertel versprach. Die Gattin bevorzugte eher den kleinen, kuscheligen Schoßhund für die einsamen Stunden daheim. Und die verspielten Kinder legten sich für einen Berner Sennenhund »oder so« ins Zeug, denn auf dem könnten sie auch zu zweit durch die Etagenwohnung reiten.

Heraus kam in solchen Fällen eine Mischung aus allem, die aber niemandem in der Familie so recht gefiel. Dem Vater war der Hund nicht scharf genug, der Mutter hingegen zu groß und den Kindern wie gewöhnlich dann doch eh alles egal. Der Hund war ein Mix, um den sich keiner kümmerte. Der Mischling wurde vernachlässigt, pinkelte die Wohnung voll, zerfetzte Tapeten und Gardinen und biss in jede Hand, die ihn füttern, oder in jedes Bein, das ihn entnervt treten wollte. Schließlich landete die häusliche Bestie dann als schwererziehbar wieder bei Hauser. Oder aber an einem Pfahl an irgendeiner Autobahnraststätte.

»Die hätten auch würfeln können, die Folgen waren vorhersehbar«, so der Hundetrainer. Genau hier setzt die neue Geschäftsidee, sein Plan B, an: Es sollen keine unnützen Vorgespräche geführt werden, stattdessen sollen klare Entscheidungsvorgaben erstellt werden. »Vorgaben und Entscheidungen«, so betont der Beratungs-Terrier energisch, »die nach ihrer Ermittlung dann auch zwingend eingehalten werden müssen.«

Bei den letzten Kommunalwahlen sei ihm die Idee gekommen. Er habe am Wahl-O-Mat teilgenommen, dieser Online-Befragung zur persönlichen Übereinstimmung mit den jeweiligen Parteiprogrammen. »Da fiel es mir wie Zecken aus dem Hundefell: Ein Dog-O-Mat ist die Lösung.« Sofort hat er »dieses einmalige Hundeauswahlverfahren« beim Deutschen Patentamt in München angemeldet.

38 Fragen hat er ausgearbeitet. Fragen an den künftigen Hundebesitzer zum erwarteten oder geduldeten Beißverhalten der Hunde, dem Kotbedürfnis oder der Gehorsamkeit, Treue und Abhängigkeit. Fragen zur Größe, Schnelligkeit sowie der Kläff-Lautstärke. Wünsche zur sozialen Einordnung: Ist der Hund als Untergebener, Partner oder Kindersatz gewollt?

Alle zehn Hunde-Rassegruppen aus den Richtlinien der »Fédération Cynologique Internationale« (FCI), in denen die Rassen vom Hütehund über Pinscher, Spitz und Vorsteherhund bis zum Gesellschafts- oder Kampfhund aufgelistet sind, hat er anhand dieser Fragestellungen durchforstet und in das Entscheidungsprofil eingegeben.

»Dieses ist aber nur der erste Schritt«, erklärt Emanuel Hauser mit sichtlichem Stolz. Nach der ersten Dog-O-Mat-Runde komme die Feinabstimmung. Entscheidet sich ein zukünftiger Hundehalter etwa für einen Kampfhund, wird nicht nur lediglich zwischen American Pittbull, Bullterrier oder Rottweiler ausgesucht, sondern es geht mit 38 neuen Fragen im Dog-O-Mat 2.0 weiter:

In welche Körperteile soll gebissen werden? Erst auf Befehl oder aus dem Stand heraus? Nur Kleinkinder oder auch Erwachsene und andere Hunde? Sollen nur Radfahrer, Jogger und Postboten gebissen werden oder weitere Bevölkerungsgruppen auch? Wie stark soll zugebissen werden – nur ins Fleisch oder bis auf/durch den Knochen? Soll der Biss nach dem Zupacken wieder gelöst werden oder fest wie ein Schraubstock sitzen? In der Phase 2.0 sind alle 20 gefährlichen Hundearten der Bundesländer aufgeführt, einschließlich der unterschiedlichen Beißlisten der Länder.

Geht es hingegen um Schoßhunde, so sind natürlich ganz andere Kriterien und Fragen sinnvoll. Ein Fragenkatalog, den Hauser – leicht errötend – nicht näher erörtern möchte. Viel lieber redet er über die zu erwartenden Erfolge: »Frauchen und Herrchen wissen also genau, wen und was sie sich da ins Haus holen.«

Die Hunde wird der Dog-O-Mat-Erfinder den neuen Haltern vermitteln. Seine Allgemeinen Geschäftsbedingungen schließen ein Rückgaberecht aus. Vielmehr gilt der kaufmännische Dog-O-Mat-Grundsatz: »Einmal gewählt, für immer vermählt!«

Sollte aber die Endauswahl einmal äußerst knapp ausfallen, die Empfehlung für zwei Hunderassen dicht beieinanderliegen, so stellt dies Emanuel Hauser vor kein Problem: »Wir wollen, dass unsere Kunden hundertprozentig zufrieden sind. Sollten etwa ein American Bulldog und Mastiff auf der Ziellinie gleich gut abschneiden, so wird nicht gewürfelt, sondern gekreuzt und gezüchtet.« Das würde zwar ein wenig länger dauern, dafür wären aber nach dem Zuchterfolg Hund und Halter dank Dog-O-Mat-plus das ideale Team – in allen Situationen.

Noch-Hundetrainer Hauser sieht also sehr beruhigt in

die Zukunft: »Das normale Hundetraining hat doch eher etwas Ödes. Dieses ewige Gebelle von Sitz – Platz – Fass auf der Trainingswiese ist harte Arbeit und manchmal eben zu hart.« Die Möglichkeit, keine Trainerlizenz zu erhalten, habe ihn herausgefordert. »Das ist wie beim Hund«, schmunzelt er, ›der will auch immer etwas Neues.« Und sollte »Rex-Taunus« mit dem Auswahl- und Zuchtkonzept gut laufen, hat er auch schon neue Ideen für die Zukunft.

Der Dog-O-Mat-Erfinder ist vor Begeisterung nicht zu halten: »Es wird dann nicht mehr nur um die einseitige Beziehung Mensch – Hund gehen. Stattdessen kann eine Rückkopplung Hund – Mensch ermöglicht werden.« Hat sich ein Mensch mit dem Dog-O-Mat für einen speziellen Hund entschieden, kann die Entscheidung mit einem Man-O-Mat überprüft werden. Spezielle Verhaltensmuster des potentiellen Halters werden in ein Programm eingegeben und visualisiert. Die Grundideen für ein solches Programm, der »Dognition«, wurden in einem gemeinsamen Forschungsprojekt des Dog Cognition Centre in Portsmouth, dem Clever Dog Lab an der Veterinärmedizinischen Universität Wien und dem Canine Cognition Center an der US-Universität Yale erarbeitet.

Per Touchscreen können die Hunde dann mit ihren Nasen am Bildschirm positiv oder negativ über ihre künftigen Halter abstimmen. Auch beim Man-O-Mat will Emanuel jeweils mit 38 Abbildungs-Fragen arbeiten. »Das wird schwieriger als gedacht«, seufzt der Hesse. Denn bislang verfüge er nur über zwei Wesensmerkmale der Halter, die er in Bilder umsetzen kann: »dumpf« und »backe«.

Mit dem *Wall Street Journal* bei Koko von Knebel

Pummi hatte nur ein schlichtes Hundehalsband mit der daran befestigten Leine. Eine Mitschleppschlaufe hieß das bei uns. Außerdem hatte er eine alte Wehrmachtsdecke, auf der er es sich zusammen mit seinen ganzen Hundefloh-Freunden im Zimmer meines Großvaters bequem machen konnte. Mehr Komfort war nicht. Es gab ihn auch nicht.

Nie hätte es sich mein Großvater vorstellen können, dass es sechzig Jahre später einen Wirtschaftsboom rund um die Kläffer und Köter geben könnte: Hundehotels, Hundecoiffeure, Hundesalons, Hundeboutiquen, Hundetrainer, -flüsterer und -nannys, Hundeyoga, Hundekämme und -kämmerer, die alle nur wie ein Dagobert Dog Geld scheffeln wollen und sich immer neue Hundstage zur kommerziellen Vermarktung ausdenken.

Reichten für Pummi Wasser, Essensreste und gelegentlich ein Stück Pansen, muss es heute Premium-Futter sein, möglichst noch vegan. Für Hundefutter geben die Deutschen jährlich etwa 1,7 Milliarden Euro aus, viermal so viel wie für Babynahrung.

Und mit einer einfachen Mitschleppschlaufe ist es heute auch nicht mehr getan, der Trend geht zum Zweit- und Dritthalsband, für jeden Wochentag das passende. Am liebsten passend zum modischen Outfit des Hundes. Daher mag es nicht überraschen, dass für Hundezubehör im Fach-

handel und einschlägigen Boutiquen 213 Millionen Euro im Jahr verschleudert werden.

Kein Wunder also, dass sich das Wall Street Journal dieses immensen Zahlenwerks annahm und ihren Londoner Staff Reporter Gautam Naik nach Deutschland schickte. Sein erster Weg führte ihn zu mir, dem Hundehasser und -experten. Es folgte ein längeres Hintergrundgespräch über Pummi, Kot, Köter, dies und das und eben auch über den Hundeboom in Deutschland. Gemeinsam besuchten wir danach die Edelhundeboutique »Koko von Knebel«:

Der Laden passt in die Gegend der Hamburger Innenstadt. Exquisite Modegeschäfte drum herum, Prada und Chanel gleich nebenan. Die Hundeboutique, eine der sieben Dependancen zwischen Sylt und Marbella, hat nichts Protziges, sondern zeugt vom hanseatischen Understatement.

Einziger Kunde ist eine Französische Bulldogge. Nackt steht sie im Eingangsbereich und schnüffelt kurzatmig und hektisch, aber durchaus interessiert in Richtung Halsbandregal. Nichts deutet mehr darauf hin, dass ihre Vorfahren einst für die Rattenjagd gezüchtet wurden. Ganz in Weiß steht sie da. Nur ein schwarzes Ohr erinnert an ihre dunkle Vergangenheit. Neben ihr redet eine Begleitperson – männlich, fit, durchtrainiert, kurzrasierter Schädel – mit Brigitte de Jong. Sie leitet die Hamburger Filiale und ist die Schwiegermutter der Besitzerin Frederike Koko de Jong von Knebel. Er lässt sich beraten, denn Pitú braucht einen neuen Wintermantel.

Wir haben Zeit, uns umzuschauen und das Firmenmotto »Every dog is a star« auf uns wirken zu lassen. Ein

Fressnapf heißt hier natürlich nicht Fressnapf, sondern Collectors Bowl. Die Erklärung wird auch gleich mitgeliefert: »Der Collectors Bowl von Koko von Knebel ist die weltweit einzige Sammel-Speiseschale aus Porzellan für Vierbeiner.« Warum das so ist, leuchtet auch sofort ein. Denn ein »Collectors Bowl ist mehr als nur ein simpler Napf. Er ist ein kleines Kunstobjekt, das mit Echt-Platin, bzw. Echt-Gold dekoriert ist und mit viel Liebe zum Detail entworfen wurde.« Und es kommt noch dicker: »Der Bowl wird in limitierten Auflagen in einer der ältesten Europäischen Porzellan-Manufakturen, gegründet 1794, hergestellt.«

Staunend studiert Gautam die Preise. Besonders angetan ist er vom »Collectors Bowl #13+ – Blingmania Platinum – Masterpiece!« für schlappe 699 Euro.

Weiter geht es zu den Halsbändern. Auf Anhieb verlieben wir uns in das »KvK Masterpiece – XXL Totenköpfe«, das dezent für 249 Euro angepriesen wird: »Dieses Halsband besticht eindeutig durch die außergewöhnlichen, auffallenden Besätze. Die Skulls sind 24 Karat vergoldet bzw. 925 versilbert und haben 2-farbige Swarovski Steine als Augen.« Swarovski-Totenköpfe, ein absolutes Muss für jeden St. Pauli-Fan.

Die »Kuschelhöhle Polar Bear« (44,90 €) ist zwar nett, aber längst nicht so komfortabel wie die »Logomania Artleather Luxus Lounge«, die in den Maßen 80 x 60 cm ab 899 Euro zu erstehen ist. Für »den, der das Besondere sucht …!«, wird das Preis-Leistungs-Verhältnis überzeugend erklärt: »Unsere Luxus Lounge Logomania ist stylish, modern und klassisch zugleich. Eine bestickte

Lounge der Extraklasse, die zu einem schmückenden Möbelstück avanciert.«

Das Angebot überwältigt uns, wir können nicht mehr: Glanz und Gloria, Chic und Charme, Beauty und Bravour – alles vom Kleinsten bis zum Feinsten.

Mittlerweile hat Pitú sein Wintermäntelchen erhalten, einen Burberry mit abwaschbarem Bauchschutz aus Teflon. Jetzt kann es losgehen, jetzt macht das Gassi gehen doppelt Spaß.

Madame de Jong hat nun Zeit für Gautam. Angeregt unterhalten sie sich auf Englisch. Doch als sie erfährt, wer der Begleiter dieses charmanten Amerikaners von der Fleet Street ist, bricht sie das Gespräch abrupt ab und komplimentiert uns aus der Edelboutique.

Später schreibt Gautam im *Wall Street Journal*:

»*Mr Beleites recently popped into Koko von Knebel, a ritzy dog store in downtown Hamburg. Displayed on one wall were a dozen handcrafted and bejeweled collars that cost up to €400 each. ›Limited edition‹ doggie bowls were priced up to €800 a piece. There was a special stroller for dogs.*

›It's not a joke,‹ the store manager, Brigitte de Jong, assured Mr Beleites. ›If your dog is old or sick, you can wheel it around in that buggy.‹

But when Mr Beleites presented Ms de Jong with a copy of Kot & Köter *and suggested she sell it, her hackles rose. ›I don't like it,‹ she said, pushing away the magazine and shooing Mr Beleites from the store.*«

Das Glück liegt im Namen des Hundes

Warum mein Großvater den Namen »Pummi« für einen Hund wie Pummi wählte, kann ich nicht sagen, nicht einmal vermuten. Pummi war ein Spitz, fies und klein, also das ganze Gegenteil von gemütlich und pummelig. Auch habe ich den alten Mann mit Bart nicht als einen spaßigen Wortverdreher in Erinnerung. Vielleicht war er schon ein wenig dement und hat in seiner national-konservativen Art geglaubt, Pummi sei eine Kurzform, stände für »Preußisch, Untertan, Militär, Mentalität, Infanterie«. Es bleibt ein Geheimnis, das auch meine verstorbene Mutter nicht mehr lüften kann.

Aber Hundenamen haben es in sich. Und sie unterliegen soziokulturellen Modetrends und dem schlichten alltäglichen Wahnsinn der Hundebesitzer. Namen wie »Blondi« oder »Asta« sind out, heute wird je nach Rasse der passende Hundename ermittelt und ausgewählt. Namensratgeber sind der Renner, nicht nur im Internet. Und auch die Glücksspielbranche hat das »chien ne va plus« um den passenden Hundenamen entdeckt. Ein Besuch im »Doggies Name-Palace« im Hamburger Incontinent-Hotel ist also angesagt. Zur perfekten Tarnung schleppe ich einen kleinen, ekelhaften Yorkshireterrier mit mir rum. Denn Leinenzwang ist Pflicht: Einlass nur in Begleitung Ihres Hundes.

Der Türsteher ist freundlich, aber unerbittlich. Breitschultrig wie eine rasierte Bulldogge weist er jeden Besucher ab, der keinen Hund bei sich hat. Die Glücklichen aber dürfen hinein und geben, bevor sie den großen Spielsaal betreten, ihren Liebling an der Garderobe ab. Zusammen mit der Hundemarke gibt es einen speziellen Doggy-Cocktail auf Kosten des Hauses. Zur Auswahl stehen drei Mixgetränke, benannt nach berühmten Hunden der Zeitgeschichte. Je nach Widerristhöhe der Hunde werden sie ihren Besitzern gereicht:

- **Widerrist bis 30 Zentimeter:** Ein »Daisy-Sunshine«, benannt nach Daisy von Moshammer. Ein Martini mit einem Hauch Pfefferminzgeschmack.

- **Widerrist bis 50 Zentimeter:** Ein »Beatle Bloomer«, benannt nach Paul McCartneys Parson Russell Terrier »Beatle«, einem Hund, der rein vegan ernährt wird. Der Cocktail mit Gin und Whiskey hat es aber dennoch in sich.

- **Widerrist ab 50 Zentimeter:** Ein »Rin Tin Tin Cliff«, benannt nach dem neben Lassie wohl zweitbekanntesten Filmhund der Geschichte. Dieser Schäferhund-Drink ist ein »Harvey Wallbanger« für hartgesottene Hundehalter.

Weiter geht es in den eigentlichen Empfangsbereich, einen großen, länglichen Raum. In der Mitte, abgesperrt durch eine kack-bräunliche Kordel, ist auf dem Boden ein Planquadrat mit zehn mal acht Feldern aufgetragen. Alle Felder sind beschriftet. In der ersten waagerechten Reihe sind die zehn gängigen, anerkannten Hunderassen nach der Systematik des FCI, der Fédération Cynologique Internationale, mit jeweils einem Hunde-Exponat der Rassenzugehörigkeit gelistet:

Gruppe 1: Hüte- und Treibhunde
– Deutscher Schäferhund –

Gruppe 2: Pinscher und Schnauzer
– Englische Bulldogge –

Gruppe 3: Terrier
– Jack Russell Terrier –

Gruppe 4: Dachshunde
– Dackel –

Gruppe 5: Spitze
– Husky –

Gruppe 6: Lauf- und Schweißhunde
–Beagle –

Gruppe 7: Vorstehhunde
– Münsterländer –

Gruppe 8: Apportier-, Stöber- und Wasserhunde
– Labrador –

Gruppe 9: Gesellschafts- und Begleithunde
– Pudel –

Gruppe 10: Windhunde
– Greyhound –

Unter den einzelnen Gruppen stehen senkrecht die gängigsten Namen zu den jeweiligen Hunden:

1. **Deutscher Schäferhund:** *Hasso, Jerry, Senta, Asco, Lady, Nova, Rex*
2. **Englische Bulldogge:** *Nero, Aslan, Murphy, Lana, Leia, Tommy, Bruno*
3. **Jack Russell Terrier:** *Kalle, Moose, Skip, Paul, Ozzy, Matilda, Amanda*
4. **Dackel:** *Bodo, Waldi, Theo, Jule, Judy, Hummel, Franzi*
5. **Husky:** *Balto, Nikita, Alpha, Mephisto, Benny, Yuma, Nanouk*
6. **Beagle:** *Luna, Snoopy, Chester, Jacky, Johnny, Amy, Charly*
7. **Münsterländer:** *Biermann, Bella, Stella, Luna, Camillo, Hair, Molly*
8. **Labrador:** *Buddy, Seamus, Buster, Coco, Kira, Fiete, Odin*
9. **Pudel:** *Charley, Josephine, Aristoteles, Ludwig, Cindy, Zorro, Muschi*
10. **Greyhound:** *Blitz, Lassi, Pfeil, Sprinter, Speedy, Zorro, Harry*

Auf den Feldern läuft ein Mischlingshund umher. Es ist ein »extra in Las Vegas aus allen zehn Rassen gezüchteter Mix, der eine absolute Namensneutralität garantiert«, so steht es in den Spielregeln. Denn die Namen sind hier, wie im gesamten »Doggies Name-Palace«, Programm

und Spielgrundlage. Gesetzt wird hier im Eingangsbereich auf eines der Namensfelder. Und dann wird gewartet, bis der Hund auf eines dieser Felder scheißt. Ein exakt platzierter Kothaufen bedeutet Gewinn. Scheißt er daneben oder ungenau über zwei Felder, geht der gesamte Einsatz an die Spielbank.

Schon hier offenbaren sich die verschiedenen Spielertypen: Die zaghaften Hundehalter setzen nur auf Namen ihrer eigenen Rasse. Aber auch selbstbewusste Halter zeigen ein ähnliches Verhaltensmuster und setzen nur auf Namen ihrer eigenen Hunderasse. Gewitztere Hunde-Zocker hingegen wählen Namen von Außenseitern wie etwa eines Greyhounds und hier bevorzugt Namen wie *Blitz* und *Zorro*. Und Herrchen, die sich besonders klug vorkommen, setzen auf Namen von Hunderassen, die das genaue Gegenteil ihrer ständigen Begleiter darstellen.

Vor allem Damen der Gruppe 9 (*Gesellschafts- und Begleithunde*) bleiben ihrer Rasse treu. Oftmals bestehen sie auch auf eine Änderung der Spielregeln, wollen einen Namen gestrichen sehen, damit der Name ihres Lieblings auf dem Feld erscheint. *Ludwig* gegen *Cinderella*. Denn: »Nur *Cinderella* bringt mir richtig Glück.«

Nach dem Kot-Glücks-Entree geht es in den eigentlichen Spielbereich. Gemälde von berühmten Filmhunden hängen an den Wänden: *Kommissar Rex*, *Rin Tin Tin*, *Strongheart*, *Snoopy* und natürlich *Lassie*. Welcher der 18 Collie-Rüden hier genau porträtiert ist, der zwischen 1954 und 1973 wegen des volleren und telegeneren Hundefells die Hundedame geben musste, kann der Betrachter dem Bild nicht entnehmen. Mit Weltraumhund *Laika* und dem geklonten afghanischen Windhund *Snuppy* ist auch die Wissenschaft vertreten. Und für die Sparte Musik ist *Nipper* vor seinem berühmten Grammophon verewigt.

Auch in den kommenden Sälen hängen Hunde mit ihren berühmten Besitzern an den Wänden: Jennifer Aniston mit *Dolly* (Schäferhund) und die drei Rhodesian-Ridgeback-Besitzer Martin Rütter mit *Abbey*, André Dietz mit *Tamu* und Oliver Martinez mit *Sheba*. Die Labradore von Gwyneth Paltrow (*Holdon*), Paul Walker (*Zero*), Kevin Spacey (*Legacy*) und *Esmeralda* von Anne Hathaway. Beliebt auch der Golden Retriever unter der Hollywood-Prominenz: *Simba* mit Nick Carter, *Lucky* mit Paul Newman, *Chloe* und *Luke* mit Tom Cruise, *Star* und *JoJo* mit Pamela Anderson und *Roxy* mit Jane Fonda. Sehr beliebt ist auch die französische Bulldogge bei James Cameron (*Thierry*), Leonardo DiCaprio (*Django*), Reese Witherspoon (*Coco Chanel*) und Prince (*Devour*).

Einzig *Blondi* mit Herrchen und Frauchen fehlen. Aber so viel Pietät muss wohl sein.

Doch zurück zum Spielsaal mit den berühmten Hunden aus Film und Fernsehen, Musik und Wissenschaft. Hier wird Namens-Roulette gespielt. »Rouge« und »Noir« behalten die ursprüngliche Bedeutung, aber statt der 36 Zahlen sind 36 Hundenamen gesetzt. Nur die »0« hat ihren Namen behalten: »Zero« nach dem berühmten Höllenhund »Zerobus«. Für »Pair« und »Impair« stehen die Felder für »Rüde« und »Hündin«. Fällt die Kugel also im Kästchen »Rex«, gewinnt auch der Spieler, der nur auf »Rüde« gesetzt hat. Gleiches Prinzip auch bei »Manque« und »Passe«. Hier ist der Widerrist ausschlaggebend:

Manque = WR bis 50 cm, Passe = WR ab 50 cm. Nach der Aufforderung »Faites vos fientes« wird gesetzt, und nach dem »Chien ne va plus« rollt die Kugel. Einen Saal weiter stehen die einarmigen Banditen und andere Daddelautomaten. Auch hier dreht sich alles um die Hundenamen. Nicht Birnen, Äpfel oder Glocken sausen in Fünferreihen hinter den Sichtfeldern, sondern die rassetypischen Namen entscheiden über Gewinn und Verlust. *Hasso*, *Nero*, *Waldi*, *Daisy* und *Muschi* bringen nichts, fünfmal *Muschi* aber alles. Einen Saal weiter ist die Kläff-Arena. Hier gilt es, möglichst schnell die richtige Bedeutung eines Hundenamens zu wissen und sofort zu sagen. Für die Kandidaten ist es ratsam, ihren »Kleinen Strolchi – Das Hundenamens-Schulbuch« ordentlich studiert zu haben. Denn Wissen und Schnelligkeit ist bei diesem Frage-Antwort-Spiel alles. Hier ein Auszug der wichtigsten Namen mit ihrer Übersetzung oder Bedeutung aus dem »Kleinen Strolchi«:

Acai (»die Schüchterne«)
Akin (»Krieger, Held«)
Amabella (» liebenswert«)
Basti (»der Ehrwürdige«)
Bodo (»Bote«)
Bonnie (»die Hübsche«)
Buddy (»Kumpel«)
Cäcilia (»Schutz«)
Cane (»Hund, Speer«)
Chéri (»Liebling«)
Cora (»die Herzliche«)
Dexter (»der Geschickte«)
Don (»der Herrscher der Welt«)
Donna (»die Dame«)
Enzo (»der Sieger«)
Fox (»Fuchs«)
Fritz (»mächtiger Schutz«)
Furry (»der Wilde«)
Grace (»die Anmutige, Gnädige«)
Hardy (»der Entschlossene«)

Hunter (»der Jäger«)
Ian (»der Gott gnädig ist«)
Ike (»stark«)
Iron (»Eisen«)
Jay (»Sieger«)
Jazz (»Jasmin«)
Jimmy (»Gott möge schützen«)
Kessy (»die Wachsame«)
Laini (»die Sanfte«)
Layla (»dunkle Schönheit«)
Lex (»Beschützer der Männer«)
Liv (»Schutz, Leben«)
Lotti (»die Freie«)
Lucky (»der Glückliche«)
Mercy (»Erbarmen, Belohnung«)
Mimi (»die Geliebte«)
Monty (»der Jäger«)

Nelly (»die Strahlende«)
Otto (»der Besitzende«)
Percy (»das Tal durchstechen«)
Prince (»der Erstgeborene«)
Queeny (»die Königin«)
Rambo (Filmheld)
Ren (»Nachsicht, Toleranz«)
Rika (»die Edle«)
Rowdy (»Der Laute«)
Said (»Der Glückliche«)
Samson (»Die kleine Sonne«)
Slash (»Der Schlitzer«)
Tennille (»kraftvoll«)
Tessa (»die Jägerin«)
Tinkabell (»kleine Fee«)
Vicky (»die Siegreiche«)
Wilka (»die Entschlossene«)
Yaris (»der Helfer«)
Zoe (»Leben«)
Zola (»die Ruhige«)

Der Wettstreit findet in der klassischen Pilawa-Anordnung statt: vier Pulte mit vier Teams, die gegeneinander spielen. Rasant werden die Fragen gestellt, hektisch auch die Antworten gegeben. Falsche Antworten haben verschissen, was Minuspunkte bedeutet. Das Team, das als Erstes die magische Punktzahl 42 erreicht, hat gewonnen.

Ruhig hingegen die Stimmung im letzten Raum, in der Quartett-Lounge. An der Bar wird nicht mehr gespielt, sondern nur noch gefachsimpelt und geprahlt. Wortfetzen wie »meiner ist höher«, »meiner ist schneller« und »meiner ist stärker« sind zu hören. Also Platz genommen und näher zugehört.

»Du hättest mal seinen Haufen sehen sollen. Der steht wie eine Eins«, prahlt ein Boxer-Besitzer. Ein Mops-Halter kontert verhalten kichernd: »Dafür kann meiner auf den Vorderpfoten gehen und dabei pinkeln. Hab ich gefilmt und bei YouTube ins Netz gestellt.«

Am anderen Ende der Bar unterhalten sich zwei distinguierte Damen dezent über Pudel *Muschi* und Chihuahua *Stubsi*. Nur ein geflüstertes »Zunge« und »Nase« ist zu hören.

Der Rundgang ist beendet, wir stehen wieder im ersten Saal. Der Mischlingshund hat immer noch keinen Haufen gesetzt, aber das »Doggies Name-Palace« hat vorgesorgt: Wir geben den Namen unseres Hundes an, tragen seine Anschrift, Telefonnummer und E-Mail-Adresse ein, damit über einen möglichen Glückshaufen namentlich informiert werden kann. Dann noch den Hund vom Garderobenhaken geholt und dem freundlichen Türsteher ein Leckerli zugesteckt – und ab geht es über Gassi ins Körbchen.

Der Hundepastor oder
bei ihm liegt der Hund begraben

Ich glaube, dass Pummi in der Mülltonne gelandet ist. Aber ich kann mich an seinen Tod nicht erinnern. Bei uns im Garten ist er jedenfalls nicht begraben worden ... wobei ich da nachträglich so meine Zweifel habe. Meine Mutter war nicht öko, aber natürlicher Dünger stand bei ihr hoch im Kurs.

Wir hatten in unserem Kleingarten ein Plumpsklo, also ein Holzbrett mit einem Loch in der Mitte und einem Eimer darunter. War der voll, nahm ihn meine Mutter heraus und schleppte ihn in den Garten zu den Tomaten. Zuvor hatte sie eine armtiefe Rinne um die Pflanzen gezogen. Sorgfältig wurde das familiäre Exkrementengemisch in die Rinne gegossen und dann zugeschaufelt. Die Tomaten wuchsen prächtig und schmeckten lecker.

Ob also Pummi die Bohnen düngte oder am Kirschbaum seine Ruhe genoss – ich weiß es nicht.

Eines ist aber sicher: Pummi ist auf keinem Hundefriedhof gelandet, wurde von keinem Hundepastor unter die Erde gebracht

Einer dieser Hundebestatter war Helge Jakobsen aus dem schleswig-holsteinischen Hohenweststedt. Das erste Mal traf ich ihn Anfang der neunziger Jahre in der Talkshow »Schreinemakers Live« in Köln. Jakobsen war vor mir dran. Ihm als Tierbestatter, oder wie es in der Sendung hieß, als

»Hundepastor«, war die Rolle des Guten zugedacht, ich als »Hundehasser der Nation« hatte den bad guy *zu spielen.*

Abends an der Bar im Kölner Hotel »Wasserturm« verstanden wir uns prächtig. Auch Jakobsen hatte die Spielregeln der damaligen Krawall-Talkshows verstanden: Part und Widerpart, Gut gegen Böse. Er selbst war ein netter, älterer Herr: charmant und witzig; zwar mit einer großen Portion Selbstironie, aber glühend überzeugt vom Sinn seines Hundefriedhofs:

Die kleine Gemeinde Hohenweststedt liegt in Schleswig-Holstein westlich von Neumünster. An der Kreisstraße Richtung Wapelfeld gründete Helge Jakobsen 1980 seinen Hundefriedhof, der es zu beachtlichem Ruhm brachte, ist er doch bei Wikipedia als »der größte Haustierfriedhof Europas« gelistet.

Gleich neben dem Eingang steht ein kleiner Verkaufskiosk für den eiligen Friedhofsbesucher, der sich nicht vorbereiten konnte oder schlicht vergessen hat, etwas mitzubringen. Das Angebot besteht aus Grabgestecken aller Preisklassen von schlicht bis bombastisch, kleinen und großen Grablichtern in allen Farben und anderem Schnickschnack. Die rechte Verkaufswand ist festlich als »Das letzte Abendmahl« geschmückt und bietet Hundekuchen (wetterfest), Leckerlis (nicht wasserlöslich), zerfetzte Plastikstöckchen und angebissene Tennisbälle als Grabschmuck an.

Der Friedhof selbst ist ordentlich und sauber. So wie es sich für gut erzogene Hunde hierzulande gehört. Die Wege sind ordentlich gestriegelt, Bänke laden zur kuscheligen Ruhe ein und keine Friedhofsordnung bellt Verhaltensregeln dem Besucher entgegen. Die deutsche Hundetrauer weiß sich zu benehmen.

Die kleinen Kieswege zwischen den Bäumen und Büschen sind von Grabsteinen gesäumt. Vögel zwitschern im Geäst, in dem sich sanft das Sonnenlicht bricht. In der Ferne bellt ein Hund.

Verhärmte Mütterchen stehen in sich zusammengesunken vor Gräbern. Andere, muntere Frauen werkeln mit Gießkanne und Handspaten in den Blumenrabatten, ordnen den Grabschmuck. Ältere Herren, aber auch sportliche Jungmänner stehen andächtig vor den verscharrten Kadavern ihrer Gefährten. Manch Hundereim geistert durch ihre trauernde Gefühlsduselei. Kinder spielen ausgelassen, aber leise zwischen den Hunderuhestätten: Stöckchen haschen, Beinchen heben, Männchen machen.

»Hier ruhen unsere treuen Freunde« verkündet eine Grabplatte vor einer Säule mit eingemeißelten Hundenamen: Nicky, Bonnie, Olli K., Duffy, Barny, Lena K, Stoffel, Tabs, Paco, Raudi und etliche mehr. Ein Massengrab für 68 Hunde. Nebenan eine Bronzeplatte mit nur einem Wort in Sütterlinschrift: Hasso.

Ordentlich und penibel auch die Grabordnung:

Der trauernde Tierhalter kann wählen zwischen einer Bestattung im individuell gestaltbaren Einzelgrab oder im später anonym unter grünem Rasen liegenden Reihengrab. In beiden Fällen gibt es jeweils 3 Größen von Gräbern:

- **Größe 1:** 0,6 m x 0,4 m für kleine Tiere (Kaninchen, Meerschweinchen, Hamster, Vögel)
- **Größe 2:** 0,8 m x 0,6 m für mittelgroße Tiere (Katzen und Hunde entsprechender Größe)
- **Größe 3:** 1,5 m x 0,75 m für größere Hunde

Die Preise für Bestattung und Grabpracht einschließlich Ausheben und Schließen der Gruft betragen:

BEI EINZELGRÄBERN

- **Größe 1:** 25,00 Euro (Ruhezeit 3 Jahre)
- **Größe 2:** 160,00 Euro (Ruhezeit 5 Jahre)
- **Größe 3:** 260,00 Euro (Ruhezeit 10 Jahre)

Zu diesen bescheidenen Nettopreisen können noch hochwertige Extras gebucht werden wie: »Überführung des verstorbenen Tieres zum Friedhof; Beistellung von Tiersärgen und Blumenschmuck; Grabgestaltung (Einfassung, Erstbepflanzung); Grabpflege (Unkrautbekämpfung, Saisonbepflanzung, Begießen)«.

Aber zurück zur Kölner Hotelbar und zu Helge Jakobsen. Damals schwärmte er von seinen großen Vorbildern und ihren Lieblingen: »Große Politiker haben immer vortrefflich mit ihren Hunden zusammengelebt und sich nach deren Tod um eine würdige Bestattung gekümmert.«

Da sei zum Beispiel der Alte Fritz: »Sie hießen Biche, Alcemente, Thisbe, Superbe.« Der Hundepastor ist nicht zu stoppen: »Es waren zarte, launenhafte italienische Windspiele. Friedrich der Große liebte sie mehr als die

Menschen.« Die hündischen Günstlinge des Monarchen durften in den königlichen Gemächern spielen und tollen, im herrschaftlichen Bette nächtigen oder sich das Canapé mit dem Monarchen teilen. Sie durften das königliche Mobiliar zerstören, die Wandbespannung aus Silberbrokat zerkratzen und die kostbaren Damasttapeten zerfetzen. Sie wurden an und von der königlichen Tafel gefüttert, und die Bedienerschaft hatte sie nur auf Französisch anzureden – und natürlich zu siezen.

Helge Jakobsen ist sichtlich gerührt: »Das waren Zeiten. Wenn einer der Hunde starb, wurde er in der Bibliothek aufgebahrt und später neben der Gruft an den Weinbergterrassen beigesetzt.« Fritz wollte neben seinen Hunden begraben werden, doch dieser feingeistige Wunsch ging erst 1991 mit der Rückführung seines Leichnams vom Schloss Hohenzollern in die Gruft von Sanssouci in Erfüllung.

Der schleswig-holsteinische Tierbestatter ist nicht zu stoppen. Er schnappt sich ein neues Bier und kommt ohne Überleitung auf den nächsten Politiker-Hund zu sprechen: »Bismarck hatte seine Doggen. Groß, mächtig, erhaben. So stark wie er. Seine ›Reichshunde‹, mit denen der Kanzler überall und immer aufgetreten ist. Hä, hä, hä …!« Jakobsen verschüttet ein wenig Bier und fährt vergnügt fort: »Die Dogge Tyras I. wurde weltberühmt, als der Hund 1878 beim Berliner Kongress auf den russischen Außenminister Alexander Gortschakow losging und ihm die Hosen zerriss.« Als Tyras I. 1889 starb, wurde diese traurige Nachricht sofort der ganzen Welt bekanntgegeben. Und Wilhelm II. schenkte seinem Eisernen

Kanzler zu dessen Geburtstag eine neue Dogge – Tyras II. Alle Doggen Bismarcks wurden auf seinem Landgut Varzin bei Köslin begraben. »Feierlich beigesetzt«, wie Jakobsen weihevoll hinzufügt.

Auch die beiden Hunde Winston Churchills haben es dem Bestatter aus Hohenweststedt angetan: »Äußerlich erinnerte Churchill eher an eine englische Bulldogge. So wurde er auch oft in Karikaturen dargestellt. Aber innerlich«, so Jakobsen mitfühlend, »hatte er nichts von dieser Schärfe. Er liebte Pudel, seinen braunen Miniatur-Pudel Rufus.« Hund und Familie aßen immer gemeinsam im Esszimmer. Ein Hundetischtuch wurde neben Churchill auf den Perser gelegt, und niemand begann mit dem Essen, bis der Butler auch Rufus die Mahlzeit serviert hatte. »Eines Tages«, weiß Jakobsen zu berichten, »wurde auf dem Landsitz des Premierministers in Buckinghamshire der Film *Oliver Twist* gezeigt. Rufus war natürlich auf Churchills Schoß dabei. Als Bill Sikes seinen Hund ertränken will, hält der Premier seinem Rufus die Augen zu.« Aber auch Rufus musste sterben. 1947 lief er vor ein Auto. Jakobsen seufzt kurz in sein Bierglas. Offensichtlich leidet er immer noch mit dem großen Staatsmann. Doch eines erfüllt ihn mit Genugtuung: »In einer würdevollen Zeremonie erhielt Rufus seine letzte Ruhestätte. Es war ein inoffizielles Staatsbegräbnis.« Und gegen seinen großen Kummer schaffte sich Bulldog Churchill einen neuen Pudel an – Rufus II.

Ein Thema aber will der Hundepastor nicht anschneiden, auch nicht auf eindringliche Nachfrage hin: Hitler und Blondi. Hitler war im braunen Schleswig-Holstein nach Ende des Faschismus kein Thema mehr, und Blondi daher auch nicht. Und deren Tod erst recht nicht.

Zu unrühmlich ist das Ableben des Führer-Hundes. Zwei große *Spiegel*-Artikel (1965 und 1968) widmeten sich nicht nur dem Selbstmord von Adolf und Eva, sondern auch dem Verrecken von Blondi: »Hitler nahm Gift – dessen Wirkung er zuvor an seinem deutschen Schäferhund ›Blondi‹ erproben ließ. Sowjetische Ärzte obduzierten den Schäferhund. Sie stellten fest: ›Irgendwelche Schädigungen sowie krankhafte Veränderungen, die den natürlichen Tod des Hundes hätten herbeiführen können, wurden bei der Obduktion nicht festgestellt. In der Schleimhaut des Mauls und der Zunge wurden Splitter einer dünnwandigen Glasampulle gefunden, bei der Obduktion des Kadavers war der Geruch von Bittermandeln spürbar, und bei der gerichtschemischen Untersuchung wurde in den inneren Organen das Vorhandensein von Zyanverbindungen festgestellt. Es muss also gesagt werden, dass der Tod des Hundes durch die Vergiftung mit Zyanverbindungen eingetreten ist.«

Blondi wurde eindeutig identifiziert. »Der Schäferhund Blondi, der persönliche Hund Hitlers, ist in unserem Protokoll als ›großer Hund mit langen Ohren, schwarzem Rücken und hellen Flanken‹ beschrieben. Auf dem Halsband des Schäferhundes stand geschrieben: ›Immer mit dir.‹ Und Paul Feni, der spezielle Wärter für Hitlers Hund, sagte aus, dass letzterer vergiftet worden sei«, so ein Vermerk in den sowjetischen Untersuchungsakten.

Aber Hitler, ein Hundemörder, das ist nun wahrlich nicht das richtige Thema bei einem Bierchen.

Hundepastor Jakobsen ergötzt sich lieber weiter an den kleinen Hunden der ganz Großen – wie dem Dackel Erdmann von Kaiser Wilhelm II., der mit einem glanzvollen Festakt auf der Roseninsel unterhalb des Schlosses Wilhelmshöhe bei Kassel beigesetzt wurde. Ein Gedenkstein erinnere noch heute an den deutschen Dachshund. Jakobsen berichtet anerkennend, dass der Ortsverein des Deutschen Teckelklubs 1888 im 50. Jahr seines Bestehens die Patenschaft für den Gedenkstein übernommen und den Ort zu einer kleinen Gedenkstätte ausgebaut habe. Aus dem Kopf zitiert er die Worte des damaligen Vorsitzenden: »Hier kann jeder darüber nachdenken, ob er seinem Vierbeiner ein hundegerechtes Leben in der Menschenmeute bietet. Ein Ort der Einkehr für Hundebesitzer.«

Gerührt und bierselig gesteht der Herr über die großen und kleinen Gräber von Hohenweststedt, dass dies auch sein Motto sei. Und zum Beweis zitiert er feierlich am Tresen zwei seiner besten Grabreden:

»Bello, du hast so manchen Knochen abgenagt, aber auch du musst irgendwann den Löffel abgeben. Also ruhe in Frieden.« Und: »Hassan, du Irish Setter! Auf die Entenjagd bist du gegangen mit deinem Herrchen, getreu dem Motto: Schuss ist Schuss. Und daher, nimm's nicht krumm, alter Knabe, aber: Schluss ist Schluss.«

MGB – Die Friedhofsbewegung

Helge Jakobsen war es auch, der mich nach einem unserer gemeinsamen Talkshow-Auftritte auf eine Grab-Bewegung aufmerksam machte, von der er selbst nichts hielt. Unwirsch und abfällig sagte er: »MGB nennen die sich. Keine Ahnung, was das bedeutet. Aber irgendwie wollen die eine Bestattung von Mensch und Hund in einem Grab, auf einer Grabstelle. Das ist doch reeller Quatsch. Gemeinsame Gräber für Mensch und Hund kann man zwar fordern, aber nicht so, nicht für alle. Die sollen mal die Kirche im Dorf lassen.«

Immer wieder waren in den vergangenen Jahren Meldungen über eine MGB in den Medien aufgetaucht, meist in den Lokalblättern der Provinz. Gerüchten nach ging es um die alte Forderung einer gemeinsamen Bestattung, der Tier-Mensch-Beziehung über den Tod hinaus. Jakobsen kannte keinen von denen, wusste aber immerhin, dass die MGBler auch in der Hundebestatter-Szene ihren Feind sahen.

Der Alte hatte mich neugierig gemacht, und ich begann zu recherchieren – investigativ und undercover:

Der erste Tipp kam aus Oldenburg von Uli Protze, einem Sportredakteur der *Nordwest-Zeitung*. Er hatte für sein Blatt eine Glosse über einen Nachbarshund geschrieben, der jeden Sonntag das kirchliche Glockengeläut mit einem ohrenbetäubenden Gekläffe begleitete und erst beim letzten Glockenschlag auch seinen Lärm einstellte. Seitdem galt Protze in dem verträumten niedersächsischen Städtchen als der Redakteur, der auf den Hund gekommen war.

Beim jährlichen Boßeln hatte ihn dann der Küster nach dem fünften Schnaps beiseite genommen und bedeutungs- und zungenschwer geflüstert: »Uli, kümm mal vörbi, kümm mal zum Karkhoff.« Auf dem Friedhof seien ihm einige Gräber gezeigt worden, auf denen ein gesprühter Spruch stand: »Hier fehlt ein Hund.« Als belesener Karl-Krauss-Kenner schrieb der Sportredakteur wieder eine Glosse: »Auf dem Friedhof fehlt der Grubenhund.«

Bitterböse Leserbriefe und -mails waren die Reaktion. Allen gemein: Sie waren anonym und voller Drohungen. Uli Protze rief mich an, und ich begann die Recherche »Hier fehlt ein Hund«. Die Oldenburger Polizei verwies mich an das LKA in Hannover. Der dortige Polizeisprecher Uwe Möffer schlug ein persönliches Hintergrundgespräch vor, streng vertraulich natürlich.

Waterloostraße 9, die Polizeidirektion Hannover: Möffer sitzt in seinem Dienstzimmer mit dem herrlichen Blick über den nahen Maschteich. Er schiebt eine dünne Akte über den Tisch: »Keine Fotos, keine Notizen. Lesen Sie es sich in Ruhe durch. Fragen beantworte ich dann, oder auch nicht.«

In der Akte sind Ablichtungen von den Oldenburger Gräbern und ähnliche vom Zentralfriedhof in Salzgitter. Eine SoKo »Grabhund« ist gebildet worden, die allerdings noch keine konkreten Spuren verfolgt. Bekennerschreiben gibt es nicht. Allerdings war Kontakt zu den Hamburger Kollegen aufgenommen worden, die ähnliche Schmiereien auf dem Ohlsdorfer Friedhof bearbeiten. Hier vielleicht eine erste Spur, denn an der Wand eines kleinen Mausoleums ist nicht nur »Hier fehlt ein Hund« gesprüht, sondern darunter auch klar und deutlich: »Grüezi – MGB«.

Der Polizeisprecher nimmt die Akte wieder an sich und erklärt: »Mehr haben wir nicht. Da gibt es auch noch einen Vorfall auf einem Friedhof in Freiburg. Aber bevor Sie fragen, die dortigen und auch die Schweizer Kollegen können sich keinen Reim drauf machen.« Eine kleine Pause, bevor er fortfährt: »Wir sind noch nicht an die Öffentlichkeit gegangen und würden Sie bitten, auch noch nichts zu schreiben.«

Was denn auch. Eine erste Internetrecherche zu »Hund-Grab-MGB« ergibt nur den höchst interessanten Fakt, dass MGB »ein Sportwagen (war), den die MG-Division von BMC im Mai 1962 als Nachfolger der MGA herausbrachte«. Na klasse. Und der Rest sind rührige Geschichten über chinesische Hunde, die am Grab ihrer Herrchen wachen. Wohl aus Dankbarkeit, nicht im Kochtopf gelandet zu sein.

Eine Fundstelle aber lässt mich aufhorchen. Im »Glottertal – Mitteilungsblatt der Gemeinde« vom 10. Januar 2013 tauchen die Suchworte »Hund« und »Grab« und »MGB« auf. Hund und Grab sind eindeutig, verweisen auf den Friedhof, aber MGB steht für »Mittelständische Gesellschaft für Beteiligungen aller Art«. Wie passt das zusammen?

Dennoch: Ich fahre in den Ort der »Schwarzwaldklinik«. Meine Tarnung ist perfekt. Ich habe mir einen Hund ausgeliehen, einen pflegeleichten Labrador, der immer nur ans Fressen denkt. Gebe ich dem Köter genug Leckerlis, lässt er mich in Frieden und pennt oder rülpst auf der Rückbank meines Autos.

Mein erster Weg führt mich auf den Glottertaler Friedhof. Zwei Tage wandere ich hier zwischen den Gräbern, seufze vor mich hin, setze mich mit dem Hund auf eine der vielen Bänke und täusche traurige Gespräche mit dem »treuen Gefährten« vor.

Am dritten Tag spricht mich eine junge Frau an. Schweizer Akzent, schwarze Punkfrisur, schwarzer Hoody, schwarze Jeans über ebenfalls schwarzen Stiefeletten: Was ich denn seit Tagen hier wolle. Sie habe mich beobachtet. Ich rede von meiner schweren Krankheit, von Professor Brinkmann, der mich damals im ZDF so gerührt habe, so dass ich vor meinem nahen Tod hier noch einmal zu mir kommen wollte. Was mit dem Hund passieren würde, wenn ich sterben sollte, will sie wissen. Seufzend gestehe ich: »Ich weiß es nicht.«

Sie mustert mich eingehend, drückt mir einige Blätter in die Hand und verabschiedet sich. So plötzlich, wie sie aufgetaucht ist, ist sie auch wieder weg.

Die Seiten scheinen ein lausiger Entwurf für eine wissenschaftliche Abhandlung zu sein, aber der Titel hat es mystisch in sich: »Hier fehlt ein Hund – Gemeinsame Grabstätten für Mensch und Hund«.

Es beginnt mit einem Doppelgrab in Bonn-Oberkassel mit zwei menschlichen Skeletten, die zusammen mit

Resten eines Hundes bei Steinbrucharbeiten an der Rabenlay 1914 gefunden wurden. Die Grabstätte wurde vor etwa 14 700 Jahren angelegt. Zitiert wird Liane Giemsch vom Institut für Archäologie und Kulturanthropologie der Universität Bonn mit ihrem Beitrag *Der Hund ist ein Europäer*: »Die gemeinsame Bestattung des Hundes und der Menschen im Doppelgrab von Oberkassel zeugt von einer sehr innigen Beziehung.«

Im nächsten Absatz werden hurtig die 14 700 Jahre übersprungen und der Bezug zur Jetztzeit hergestellt: »In unseren Gräbern fehlt der Hund, zu dem wir eine innige Beziehung hatten und auch nach seinem und unserem Tode noch haben!« Es folgen Angriffe auf die EU »mit ihren inhumanen Bestattungsregeln, die tote Hunde als ›Material der Kategorie 1‹ verunglimpfen«, auf Deutschland »mit veralteten Friedhofs-Verordnungen« und es hagelt Vorwürfe gegen »alle Betreiber von reformistischen Hundefriedhöfen, die gegen die tatsächlichen Bedürfnisse der Hunde und ihrer Liebhaber aus schamlosen kapitalistischen Interessen ihr kommerzielles, einseitiges Unwesen betreiben«.

Doch schon im darauffolgenden Absatz zeigen sich die Autoren versöhnlicher. Sie preisen die Gesetze der Schweiz, nach denen es erlaubt ist, Mensch und Hund an derselben Stelle beizusetzen. Lobende Worte werden für den »Tierfriedhof am Wiesenberg« in Läufelfingen/Baselland gefunden. Hier betreiben Marlies und Urs Mörgeli seit 1999 einen Tierfriedhof. Damals ging es ihrem Seppli († 2001) nicht gut.

Die Mörgelis werden als Zeugen zitiert: »Wir stellten

uns die Frage: Was passiert eigentlich mit einem toten Haustier? Eines war uns sofort klar: Unser Seppli wird nicht einfach zusammen mit gefährlichen tierischen Abfällen geschreddert, gekocht und zu Tiermehl verarbeitet. Seppli war 15 Jahre lang ein Mitglied der Familie, mit ihm haben wir stundenlange Wanderungen im Wallis und im Berner Oberland gemacht. Wir wollten ihn auch nicht kremieren, sondern an einem schönen Ort beisetzen. Die Idee war geboren! Wir erstellen den ersten Tierfriedhof in der Schweiz!« Und als Seppli 2001 das Zeitliche segnete, bekam er seinen Ehrenplatz – gleich rechts hinter dem Eingang. So erklären die Mörgelis ihre Idee sehr authentisch auf ihrer Homepage.

Marlies und Urs Mörgeli dachten weiter, so wird es wohlwollend in den Blättern erwähnt: Nicht nur ein einfacher Tierfriedhof sollte es sein. Warum sollten Herrchen und Hündchen nicht auch nach dem Tod vereint bleiben? Sie bieten nun – ganz legal – Gemeinschaftsgräber für Hund und Halter an. Gemeinsam schreiten »Seit' an Seit'« nun Freund und bester Freund im Jenseits – hier und immerdar.

Im letzten Absatz geht es schließlich zur Sache:

»Wir fordern, dass auch in Deutschland endlich die verkrusteten Friedhofs-Verordnungen aufgebrochen und die Bestattungsvorschriften der Länder geändert werden:

- Hund und Mensch gehören zusammen –
  Im Leben und auch im Tode!
- Hund und Mensch gehören zusammen –
  Wir sind ein Volk!

- Hund und Mensch gehören zusammen –
  Für eine freiheitliche letzte Ruhe!
- Hund und Mensch gehören zusammen –
  Gemeinsame Gräber jetzt auch in Deutschland!

Gezeichnet ist dieser Flugblattentwurf mit: »MGB – Miteinander: Gemeinsam Begraben«.

Wie erwartet kommt die Gothic-Dame am nächsten Tag wieder auf den Friedhof. »Na, hesch läse?« Ich nicke, und wir schweigen lange. Ich hoffe auf ein gemeinsames Karma, denn da steht immer noch die Frage nach den deutschen Friedhofs-Sprüchen.

»Das isch nid di Hund. Du bisch nid chrank. Was willsch?«

Zwei Möglichkeiten bieten sich an: die Wahrheit oder noch mehr Undercover-Undercover. Das Letzte ist zu schwierig, also sei's drum.

Und wieder ein langes Schweigen. Doch dann schaut sie mich an, lächelt und erzählt in klarem Hochdeutsch mit einem leichten norddeutschen Akzent: »Wir haben die deutschen Bestattungsantragslisten geknackt. Die Anträge, in denen die Angehörigen nach der gemeinsamen Bestattung mit dem Lieblingshund des Verstorbenen fragten, haben wir ausgefiltert, uns bei den Friedhofsverwaltungen die Grabstätten besorgt. Und da werden wir jetzt aktiv. Der Norden ist nur der Anfang.«

Die MGB wolle die Menschen von der Unwürdigkeit befreien, nachts heimlich tote Tiere neben den Gräbern der Halter zu vergraben, oder die Asche der geliebten Hunde unbemerkt über der Grabstätte zu verstreuen.

Als nächsten Schritt könne sich die Gruppe ein noch radikaleres Vorgehen vorstellen. Geplant sei ein Abgleich von Sterberegistern und Abmeldung der registrierten Hunde beim Finanzamt. »Das Ziel ist, dass es Pflicht wird, sich zusammen mit seinem Hund zu begraben.« Flächendeckend wollen sie dann auf allen Friedhöfen Deutschlands bei verstorbenen und begrabenen Hundebesitzern ihre Mahnung auf die Grabsteine sprühen: »Hier fehlt ein Hund – MGB«.

Zugegeben, ich bin von ihrer Offenheit, vor allem aber von dem bezaubernden Lächeln überwältigt, biete ihr an, die Blätter zu redigieren und ein gutes Flugblatt daraus zu machen. Einen Artikel über die Leute von MGB werde ich auch nicht schreiben, denn das hatte ich ja Uwe Möffer, dem Polizeisprecher von Hannover, in dem Vier-Augen-Gespräch versprochen.

Und auch gegen den journalistischen Grundsatz von Hanns Joachim Friedrichs, »Einen guten Journalisten erkennt man daran, dass er sich nicht gemein macht mit einer Sache, auch nicht mit einer guten.«, habe ich nicht verstoßen. Denn bei Schreinemakers erklärte ich bereits 1992 auf die Frage nach Hundefriedhöfen: »Ich denke, das ist die neurotische Fortsetzung eines neurotischen Verhältnisses. Das Verhältnis, das die Menschen im Leben mit Hunden haben, setzen sie nach dem Tod der Tiere einfach fort.«

Helge Jakobsen ist mein Zeuge.

Meldungen – Teil 1:
Kai Diekmann oder Hundstage
bei den Boulevardblättern

Um eine Nullnummer der Zeitschrift Kot & Köter *auf den Markt zu bringen, startete ich 2013 ein Crowdfunding-Projekt. Dabei gab es so manche Überraschung. Eine davon war die Unterstützung mit 100 Euro durch einen »Kai Diekmann«. Eine Rückverfolgung zur Ermittlung der Person hinter »Kai Diekmann« war nicht möglich, auch war keine Anschrift oder E-Mail-Adresse angegeben. Na ja, ein Scherzbold eben, dachte ich mir.*

Als das Crowdfunding erfolgreich beendet war, verbreitete ich eine Presseerklärung. In meiner Pressedatei steht auch die Bild-Zeitung. *Und am 27. November 2013 stand es dann auf der Seite eins des Blattes in der täglichen Rubrik »Gewinner – Verlierer«, natürlich unter Verlierer: »Er stößt fünf Millionen deutsche Hundehalter vor den Kopf: Der Hamburger Journalist Wulf Beleites (66) will ab 2014 ein Magazin für Hundehasser (›Kot und Köter‹) herausgeben! Schon früher sorgte Beleites bei Haustier-Freunden oft für Empörung, etwa als er sich Rezepte für einen ›argentinischen Dackelbraten‹ ausdachte.* Bild *meint: Wulf, zeig ein Herz für Wuff!« Und einen passenden ›Kalenderspruch‹ von George Bernard Shaw hatte die Redaktion auch anzubieten: »Hass ist die Rache des Feiglings dafür, dass er eingeschüchtert ist.«*

Noch am gleichen Tag twitterte Bild-*Chefredakteur Kai*

Diekmann: »Von wegen ›Verlierer‹, liebe @BILD! Ich habe für das Projekt bereits Geld gespendet (bzw. Abo abgeschlossen).«

So viel zur Meinungsvielfalt bei dieser großen Tageszeitung. Aber in einem sind sie sich einig: Hunde ziehen immer. Nicht nur bei Bild, sondern auf dem gesamten Boulevard:

Geschichten über Kampfhunde stehen ganz oben in der redaktionellen Hunde-Hierarchie. Auf dem Boulevard wird gerüttelt, geschüttelt, neu gerührt und heraus kommt meistens ein richtig fetter Kampfblatt-Köter. Sie sind die Lieblinge der Boulevardpresse: Kaum eine Woche vergeht, ohne dass eine Kampfhund-Geschichte gedruckt wird. Sie werden nur noch getoppt von Zuhältern mit ihren Kampfhunden. Arbeitslose Ausländer aus irgendwelchen Wohnblock-Ghettos tun es auch. Und wenn von den »Luden-Killern« oder »Türken-Bestien« auch noch ein kleines Kind angefallen und möglichst totgebissen, zumindest aber schwer verletzt wird, ist es der Aufmacher auf der Titelseite.

Und die Kolleginnen und Kollegen werden weiter mit ihren Schlagzeilen zubeißen können, denn der Fundus ist doggenmäßig groß: Etwa eine halbe Million Ergebnisse zeigt Google bei Eingabe des Begriffes »Kampfhund«. Meine liebsten Storys habe ich hier kuratiert.

Kampfhund, Wild-Pinkler und männliches Gemächt, das sind die Zutaten, die eine räudige Boulevardpresse erst so richtig losrennen und hinterherhecheln lassen. Eine Geschichte von vielen. In trauter Eintracht lieferten

Bild-Hamburg und die *Hamburger Morgenpost* am 4. Februar 2014 diesen sensationellen Mix:

»Beim Pinkeln attackiert – Hier biss mich der Kampfhund« (*Hamburger Morgenpost*) und »Auf Schulhof – Kampfhund beißt Wild-Pinkler« (*Bild*). Es ist die Geschichte eines portugiesischen Gärtners, einer verschlossenen Toilette, eines vorbestraften Deutschrussen und dessen American Staffordshire Leon. Der Gärtner pinkelt im Gebüsch, der Deutschrusse beschwert sich, die Männer pöbeln sich an, und der Kampfhund beißt den Gärtner in die Leistengegend. Gärtner Antonio de S. arbeitete an jenem Wochenende auf dem Schulhof und berichtet dem Gericht und der *Hamburger Morgenpost* von seinem dringenden Bedürfnis: »Die Schultoilette war abgeschlossen, da bin ich in die Büsche gegangen. Ein Mann mit Hund beschimpfte mich, ich schimpfte zurück. Da ließ er den Hund los, und schlug auf mich ein. Der Hund biss mich zweimal: in die Leiste und in die Wade.« Das Gericht glaubte ihm und verurteilte den Hundehalter wegen vorsätzlicher (die Schläge) und fahrlässiger (die Hundebisse) Körperverletzung zu acht Monaten ohne Bewährung.

Und sollte es auf dem deutschen Boulevard einmal wirklich einen Tag ohne einen deutschen Kampfhund geben, kein Problem, denn das Ausland bietet reichlich Biss-Stoff, wie nur eines der vielen Beispiele aus dem verbündeten Amerika zeigt, von dem *spiegel online* zu berichten weiß:

Ein lauer Märztag. Eine 63-jährige Frau geht spazieren. Plötzlich wird sie von vier Pitbulls angefallen. Alle beißen zu. 150 Bisswunden stellten die Gerichtsmediziner später fest. Im Krankenhaus erliegt die Frau ihren Verletzungen.

Dafür musste sich nun der Besitzer der Hunde vor einem Gericht in Lancaster im US-Bundesstaat Kalifornien verantworten. Der Angeklagte hielt mehrere Pitbulls auf seinem Grundstück. Vier seiner Hunde sprangen über einen Zaun, hetzten über die Straße und griffen die 63-Jährige an. Nach Aussagen von Nachbarn sei es nicht der erste Zwischenfall mit den Pitbulls gewesen. Der Hundebesitzer wurde von einem Geschworenengericht wegen Mordes mit bedingtem Vorsatz schuldig gesprochen. Das Strafmaß: 15 Jahre bis lebenslänglich.

Doch auch aus dem feindlichen Ausland lassen sich prächtige Horrorgeschichten erstellen. In diesem Fall ist es Nordkorea:

Dass der ehrwürdige Kim Jong Il der größte Medien-Lehrmeister war und immer noch ist, weiß jeder Journalistenschüler. Und auch die, die »irgendwas mit Medien« machen wollen, sollten sich dies in ihren Lehrplan schreiben. Und dass Kim Jong Ils ebenso erhabener Sohn und noch ehrwürdigerer Nachfolger Kim Jong Un ein sinnlicher Gourmet des zarten, sanft gedünsteten oder kross angebratenen Hundefleisches ist, weiß jeder Mälzer dieser Welt. Nur die Kollegen vom Boulevard und ihre Mitläufer in den seriösen Blättern hatten leider keine Ahnung. Sie meldeten, dass Kim seinen nackten Onkel Chang Song Taek von 120 ausgehungerten Hunden in einem Käfig zerfleischen ließ. Ganz die westlich-imperialistische Lügenpresse eben: Denn die Hunde waren eine Ente.

Oder aber die Nachricht aus dem weiten, gemeinen Russland, die – leider nur verkürzt – ihren Weg in die *BZ* fand:

In der russischen Stadt Salechard in Nordsibirien haben mehrere Hunde ein neunjähriges Mädchen totgebissen. Auf dem vereisten Sportplatz des örtlichen Internats trainierte Swetlana Dostojewskaja auf ihren Schlittschuhen für die Olympischen Winterspiele, die 2018 im südkoreanischen Pyeongchang stattfinden werden. Plötzlich wurde die Hoffnung des russischen Spitzensports von einer Hundemeute gejagt, angegriffen und zu Tode gebissen.

Erste Meldungen in deutschen Medien, dass die Todesköter vom Labrador Wladimir Putins angeführt worden seien, um das Mädchen zu noch höheren Höchstleistungen anzutreiben, erwiesen sich als falsch. Vielmehr ergaben Untersuchungen, dass die Hunde Mitarbeitern des Internats gehörten. Sie wollten nur spielen, wurden aber dennoch sofort von den anwesenden Sportfunktionären und Geheimdienstlern erschossen.

Es muss zwar nicht jede Hundemeldung im Zusammenhang mit einer Diktatur stimmen, sie findet aber doch ihren redaktionellen Seiten-Platz. Ein Beispiel der Nachrichtenagentur AFP aus dem Schurkenstaat Iran, auch wenn ich als hundehassender Autor vor den Ayatollahs Hut und Turban ziehen muss:

Harte Zeiten kommen auf iranische Hundebesitzer zu, sollte es nach dem Willen von 32 Abgeordneten gehen, die hauptsächlich den beiden als fortschrittlich geltenden Parteien des nationalen Vertrauens und des Wiederaufbaus angehören. Laut Berichten in der Reformzeitung *Schargh* haben die Abgeordneten einen Gesetzentwurf im iranischen Parlament eingebracht, der das Ausführen von Hunden in der Öffentlichkeit mit drakonischen Strafen ahnden soll: Geldstrafen bis zu 500 Dollar und bis zu 74 Peitschenhieben. Der Hintergrund: In der islamischen Tradition werden Hunde als unrein angesehen.

Was nicht in der Meldung stand: Schon ziehen deutsche Islamwissenschaftler und Politologen ihre ersten Schlüsse: Es gehe bei PEGIDA zwar um die Rettung des Abendlandes, vor allem aber um die Rettung des abendländischen Hundes. Und Sprachwissenschaftler schließen sich dieser These an. Der Name PEGIDA stehe doch auch Pate für ein neues Hundefutter: Paddy – Ein Genuss in Deutschland, aber nicht für ausländische Hunde. Und obendrein wissen die Kollegen von der *taz* zu berichten, dass »pegida« vom spanischen »pegar« kommt, was übersetzt »klebend« oder »anhaftend« heißt. Also ganz klar: Trittst du in ausländische, mohammedanische, islamische oder islamistische Hundescheiße, so bleibt sie kleben.

Auch Boulevard-Journalisten wissen, dass »Hund beißt Mann« eigentlich keine Meldung ist, dagegen »Mann beißt Hund« einen hohen journalistischen Stellenwert beinhaltet. Kommt dann noch ein wehrloses Baby und eine heldenhafte Mutter dazu, so schreibt sich eine Geschichte fast von selbst, wie dieser schöne Beleg aus der *Hamburger Morgenpost*:

»Gegen diese Helden-Mutter aus Texas ist Mike Tyson ein Waisenknabe. Als ein Pitbull über ihre zweijährige

Tochter herfiel und sie zu zerfleischen drohte, attackierte Chelsi Camp (23) den wild gewordenen Kampfhund. Sie biss ihm ein Ohr ab.«

Und noch mehr Meldungen – Teil 2

Einmal Hundefeind – immer Hundefeind. Das geht schon morgens bei der Zeitungslektüre los, setzt sich bei den Verkehrsmeldungen im Radio fort (»Vorsicht auf der A 7. Da läuft ein herrenloser Hund zwischen Schnelsen-Nord und Quickborn auf der Fahrbahn«) und hört mit Hunde-Meldungen in den Abendnachrichten längst nicht auf. Täglich landen bei mir Mails im Postfach und Zeitungsausschnitte im Briefkasten. Hundefeinde aus dem In- und Ausland unterstützen mich und schicken mir einschlägiges Material. Die erste Welle setzte nach den Talkshows in den 90er Jahren ein, in die ich als Hundehasser des Öfteren geladen war. Dann war wieder lange Ruhe. Aber mit dem Start des Crowdfundings und erst recht nach Erscheinen meiner Zeitschrift ging es dann richtig los. Agenturen lieben Hundegeschichten und deutschlandweit drucken die Medien diese begierig ab. Und einen besonderen Spaß macht es, die Geschichten hinter den Meldungen aufzuspüren und niederzuschreiben:

Asterix

Eine gewaltige Arbeit kommt auf den Verlag »Egmont Ehapa« zu: Alle Asterix-Hefte müssen neu gezeichnet und getextet werden. Denn bisher unterdrückte Doku-

mente belegen, dass Obelix keinesfalls ständig Wildschweine jagte, sondern auch ein begnadeter Hundefänger in Gallien war. In einem Sonderdruck des »Archäologischen Korrespondenzblattes« (2009, Jahrgang 39, Heft 2, Römisch-Germanisches Zentralmuseum) legt sich der Archäologe Martin Grünewald in seiner unpublizierten Dissertation »Eine römische Hundebestattung im nördlichen Gallien« eindeutig fest: »Hundeknochen unter der Erde, abgenagte Knochen, alle Fleischreste abgelutscht oder weggezuzelt.« Das lässt selbst für nicht vorgebildete wissenschaftliche Laien den eindeutigen Schluss zu: Die Römer Caesars hielten sich Kampfhunde, die sogenannten Gladiatoren-Hunde, und die Gallier, allen voran Obelix, jagten sie ihnen ab. Es war dessen Rache an den Römern, denn diese hatten den Plan, Idefix zu fangen, um ihn den Gladiatoren-Hunden zum Fraß vorzuwerfen. Um die Römer vollends zu demütigen, verspeisten die kleinen, wackeren Gallier das muskulöse Fleisch der Kampfhunde. Aus den abgenagten Knochen kochte Miraculix den Sud für seinen Zaubertrank.

Sarkotzy

Frankreichs Expräsident Nicolas Sarkozy nutzte den Privatflügel »Silberner Salon« im Élysée-Palast für seine Hunde. Seine zwei Labradore und der Chihuahua von Carla Bruni haben ihre Spuren hinterlassen. Die Labradore wetzten sich an den schwanenschnabelförmigen Lehnen der Sessel die Zähne scharf. Obendrein wurden nach Sarkozys Abgang Urinspuren sowie eine starke Abnutzung der Inneneinrichtung festgestellt. Der Salon d'Argent musste auf Steuerkosten gründlich renoviert werden.

Haarige Sache

Berlin kämpft an vielen Fronten: Im Prenzlauer Berg geht es gegen die Schwaben, im ganzen Rest der Hauptstadt gegen die Berge von Hundekot. Und jetzt macht sich ein neuer Trend breit: In den Parkanlagen der Stadt, an den Ufern von Havel, Spree und Landwehrkanal wird gebürstet, was ein Hundefell nur so hergibt. Und die Hundehaare werden natürlich liegen gelassen und nicht entsorgt.

Natürliche Gerechtigkeit

Eine 45-jährige deutsche Wanderin ist auf einer Alm im Tiroler Stubaital von 20 Kühen und Kälbern angegriffen und tödlich verletzt worden. Laut Polizeibericht war die Frau in dem eingezäunten Bereich mit ihrem Hund auf einem Wanderweg unterwegs, als die Tiere plötzlich seitlich auf sie zuliefen. Nach Polizei-Angaben hatte es die Herde vermutlich auf den angeleinten Hund der Frau abgesehen.

Durchfall über den Wolken

Notlandung für Flug 598 auf der Strecke von Los Angeles nach Philadelphia. An Bord der US-Airways-Maschine flog ein Diensthund mit. Er war als flugtauglich zertifiziert. Doch über den Wolken war auf einmal

Schluss mit der Hundedisziplin. »Eine Stunde nach dem Start begann ich, diesen fürchterlichen Gestank wahrzunehmen«, so berichtete es der Passagier Steve McCall auf dem Blog *Inside Edition*. »Ich schaue den Gang entlang und da verrichtet der Hund gerade sein Geschäft, mitten auf dem Gang. Es ist ein großer Hund, etwa einen Meter hoch oder lang, und er hört einfach nicht auf.« Fluggast Chris Law twitterte: »So, der ausgewachsene Hund, der mit mir fliegt, nun ja, er tat, was Hunde tun und verrichtete sein Geschäft, als er die Zeit gekommen fühlte, mitten im Gang, Hunde-Durchfall.«

Bei der Lufthansa oder anderen deutschen Fluglinien wäre dies nie passiert, denn hier führen die Piloten immer ein Notfall-Set von »piccobello Hundewindeln« mit sich. Deren Werbung: »Mit den waschbaren Hundewindeln von piccobello lösen Sie ein großes hygienisches Problem. Die Windeln sind einfach anzulegen, sitzen perfekt und nehmen durch ihr eingenähtes saugstarkes Vlies den Urin oder das Läufigkeitsblut auf. Der anschmiegsame Viskosejersey gibt den Windeln die ideale Passform.« Passend für jeden Hund, auf jedem Flug.

Auf der Alm

Egal ob auf der Allgäuer Alm oder der Berliner Warschauer Straße, das Problem ist immer das gleiche: Hundescheiße auf den Geh- und Wanderwegen. Die Oberschwaben stellen Kreuze als Mahntafeln auf, die Berliner sprühen ihren Zorn auf die Gehwegplatten. Eine gemeinsame Expertengruppe der TU Berlin, der Humboldt-Universität und des Joachim-Kreibich-Instituts aus Reutlingen gehen nun der Frage nach, ob es sich hierbei um ein universelles Problem der Gesamtbevölkerung handelt, das eventuell auch über Deutschlands Grenzen zu Erkenntnissen führen könnte, oder aber eine schlichte Verlagerung von regionalen Eigenarten der zugezogenen Schwaben nach Berlin beinhaltet. Das Projekt, das den rührigen Namen »Kacke Macchiato« trägt, soll noch bis zum Sommer kommenden Jahres laufen.

Böse Schlappe für Bardot

Wir haben sie alle geliebt, die Bardot. Männer müssen das nicht weiter ausführen, Frauen nicht schüchtern zurückstecken. Lediglich Veganer, Vegetarier und andere Hundefreunde müssen jetzt ganz tapfer sein und einmal nicht in ihre typischen Wein- und Schreikrämpfe verfallen. Mit der Behauptung der Hundefreundin Brigitte Bardot, Hundefleisch-Esser seien »Barbaren«, liegt sie total falsch.

Der koreanische Wissenschaftler (süd, also glaubwürdig) Yong-Geun Ann hat herausgefunden, dass der Verzehr von Hundefleisch in St.-Tropez und Umgebung, bis hin zum nördlichen Grenzgebiet der französischen Départements, Anfang des vergangenen Jahrhunderts – und wahrscheinlich auch heute noch – durchaus üblich war. Yong-Geun Ann, Professor am Chungcheong College überprüfte, ob Bardots Behauptung, dass Franzosen kein Hundefleisch essen, nicht eine Lüge sei. Am 6. Dezember 2001 schrieb er einen Artikel im *Jungangilbo*, in dem er

Dokumente aus dem Französisch-Preußischen Krieg 1870/71 vorstellte, auf denen Fleischerläden in Frankreich um 1870 den Verzehr von Hundefleisch in Frankreich bewiesen. Auf einem Foto aus einem alten französischen Buch sieht man die Eröffnung eines Fleischerladens für Hundefleisch in Frankreich.

Ötzi totgebissen?

Mehr als 5000 Jahre lag Ötzi (3300–3255 v. Chr.) unversehrt im Gletschereis. Jetzt fanden die Forscher im Magen des Mannes einen unförmigen Klumpen. Diese ebenfalls tiefgefrorene Substanz löste prompt einen heftigen Streit in der Fachwelt aus. Ernährungswissenschaftler wollen Fett in dem Klumpen entdeckt haben und schlussfolgern, dass es sich um Käse handeln könnte. Viel wahrscheinlicher ist aber, dass es sich bei der immer noch bräunlichen Substanz um Hundekot handelt. Diese Theorie würde den Kreis zu einem zweiten, nie gemeldeten Fund neben Ötzi schließen: Erfolgreich haben Hundelobbyisten in den vergangenen zwanzig Jahren vertuschen können, dass ganz in der Nähe von Ötzi die Knochenreste eines Vierbeiners entdeckt wurden. Die Frage, ob Ötzi an den Folgen eines Hundebisses starb, muss nunmehr neu aufgerollt werden.

Bielefelder Fleischkunde

Endlich hat der Bielefelder Vier-Sterne-Koch Dr. Oetker nachgelegt und es seinen Kritikern gezeigt, allen voran dem großmäuligen Nörgler der *taz*-Gourmet-Seite, Michael Ringel. In einer klassischen Win-win-Situation hat er unter seiner Kelle entlassene *Brigitte*-Mitarbeiterinnen und aufstrebende *Kot & Köter*-Redakteure in seiner neuen Versuchsküche zusammengeführt und das Canis-Cook-Center aus der Suppe gehoben.

Letzten Gerüchten zufolge (NDR) plant auch der umtriebige Schlemmer-Hallodri Tim Mälzer ein Joint Venture mit dem Oetker-Imperium und will neben seiner Hamburger »Bullerei« auch das neue Restaurant »Köteletts« noch in diesem Jahr eröffnen.

DOGarta

Endlich ist sie vorbei, die DOGarta in Frankfurt, in der »der Hund in den Mittelpunk der Kunst« gerückt wurde, so die Kollegen vom Hundefachblatt *dogs*. Euphorisch und investigativ berichteten sie, streng am Pressetext der Veranstalter klebend, von dieser laut Pressetext »spannenden Mischung aus Malerei, Skulptur und Video«. Es sei schon das zweite Mal, dass diese Ausstellung sich in Frankfurt feiern könnte. Sie wurde »unter der Schirmherrschaft von VOX-Tierarzt Dr. Wolf und Ehrengast Dolly Buster präsentiert«. Letztere ist die mit den dollen Möpsen. Sorry, aber dieser Kalauer drängt sich nun einmal auf und muss erlaubt sein. Ein weiterer Höhepunk: »In unserem Galerieshop finden Sie schöne Geschenke für Mensch und Hund. Hunde sind in der Ausstellung willkommen und können auf den schönen Kissen von ›DOGS in the City‹ probeliegen, ein Carnello Kaugummi gibt es gratis dazu.« Rechtzeitig zum Aschermittwoch war Schluss mit lustig. Aber es ist zu befürchten, dass eine DOGarta sein Stöckchen Jahr um Jahr wieder an den Main apportieren wird.

Höhe mal Breite

Eine Deutsche Dogge bringt beim täglichen Gassi-Gang rund ein halbes Kilo Kot auf die Straße. Pro Jahr sind das folgerichtig 365 Pfund. In Form gebracht, würde jeder Kot-Haufen einem Würfel mit einer Kantenlänge von zehn Zentimetern entsprechen. Zu einer Mauer aufgeschichtet, erwüchse hieraus ein recht ansehnliches Bauwerk von 36,5 Metern Höhe, 36,5 Metern Breite und zehn Zentimetern Tiefe. Die Frontseite des Hamburger Rathauses mit einer Turmhöhe von 112 und einer Fassadenbreite von 111 Metern würde also innerhalb von nur knapp drei Jahren vollständig hinter der Kotmauer eines einzigen Exemplars dieser Rasse verschwinden. In einer kleinen Anfrage an den Hamburger Senat will die Opposition nun wissen: Wie viele Hunde sind für die Elbphilharmonie nötig – und in welcher Zeit?

Nationalpark Wattenmeer

Gelbe Karte für Hund und Halter: Nationalpark-Ranger werden auch in diesem Jahr wieder energisch gegen frei laufende Hunde vorgehen. Im Gegensatz zu anderen Ländern sind die Hunde jedoch nicht zum Abschuss freigegeben. Die Wildhüter appellieren an einen Rest von

Vernunft bei den Hundehaltern. Sie zeigen ihnen die Gelbe Karte. Außerdem informieren sie über die Anleinpflicht. Holger Krön, Sielwärter am Holmer Siel in Nordstrand, ist unzufrieden und klagt auf der offiziellen Webseite des Nationalparks Wattenmeer: »Mitunter haben wir den Eindruck, dass unsere einfache Botschaft nicht deutlich wird. In diesen Fällen werden wir uns nicht auf unsere Erklärungen und unser Hundefaltblatt beschränken, sondern auch die Gelbe Karte ziehen.«

Großtier und Großstadt

Viele Deutsche sind gegen die Haltung von größeren Haustieren in Großstädten. Das zeigt das Ergebnis einer repräsentativen Befragung von Statista. Demnach sind 36,1 Prozent der Meinung, dass die Haltung von größeren Haustieren in Großstädten untersagt sein sollte. 2,6 Prozent wünschen sich sogar ein generelles Verbot von Haustieren in Großstädten.

Hundefreie Zone

Das Berliner Bezirksamt Steglitz-Zehlendorf teilt mit: »Ab dem 15. Mai 2015 sind Hunde, ausgenommen Blindenführ- und Behindertenbegleithunde, am unmittelbaren See-Ufer der Berliner Gewässer Schlachtensee und Krumme Lanke nicht mehr erlaubt. Es gilt ein Mitführverbot selbst für angeleinte Vierbeiner.« Damit einher geht auch ein Badeverbot für die Köter in den beiden Gewässern.

Bücherecke

Das Schöne im Leben eines schreibenden Hundefeindes ist, dass man jede Menge Rezensionsexemplare über Hunde zugeschickt bekommt. Fachliteratur eben. Diese nicht ernst zu nehmen und durch den Kakao zu ziehen stört zwar die Verlage nicht, ärgert aber jeden Hundeliebhaber. Dann gibt es noch Bücher, in deren Titel einfach nur das Wort »Hund« vorkommt, die aber sehr lesenswert sind. Und die dritte Kategorie sind Bücher, die ganz nach meinem Geschmack sind, denn sie sind von Hundefeinden überzeugend geschrieben oder nehmen sich spöttisch des Themas an. Am schönsten, weil bekloppesten aber bleibt die Sparte »Pro Hund«. Hier einige Beispiele:

Unsere lieben Dackel – Dank an den treuen Abonnenten Michael R. aus Lübeck, der nach Erscheinen der Nullnummer unseres Magazins *Kot & Köter* ein Kleinod aus dem Jahre 1959 an die Redaktion schickte. Fehlt nur noch der Nierentisch mit einem Käse-Igel, um die Eloge auf den »jugendlichen Helden und Schwerenöter«, auf den »so todesmutigen wie ränkereichen Freund aus dem Hundeland« spöttisch zu genießen. Das Buch gibt es antiquarisch.

Bruno Nelissen-Haken/Walther Busack, *Unsere lieben Dackel*, Umschau Verlag, ca. € 2,50

Der Hund ist ein Zweidrittelmensch, Hunde in Brehms Tierleben — Es ist eindeutig ein Buch für Hundeliebhaber, zusammengestellt und hübsch-ironisch, wenn auch manchmal zu verspielt illustriert von Juliane Pieper. Aber auch Hundefeinde kommen hier auf ihre Kosten, etwa wenn der alte Brehm in die Typologie der Köter einsteigt: »Am tiefsten unter den Hunden steht unleugbar der Mops. Er ist durch geistige Versinkung entstanden und kann sich begreiflich durch sich selbst nicht heben.« Trefflich auch die alte Erkenntnis, warum Damen sich Bologneser- und Löwenhündchen halten.

> Brehms Tierleben/Juliane Pieper, *Der Hund ist ein Zweidrittelmensch*, Reclam, € 7,95

Hunde-Training — Hier genügt schon ein Blick auf das Cover, um den hingerotzten Charme dieses Machwerks einer publizistischen Abstauberbranche zu begreifen: Süße, richtig süße Hundefotos zieren den Einband und schleimen mit dem Hinweis auf »300 brillante Farbfotos«. Das Druckwerk nennt sich selbst einen »praktisch illustrierten Ratgeber«, ist aber zu groß für jedes Billy-Regal. Ein typisches Hundeliebhaber-Retortenbuch.

> Patsy Parry, *Hunde-Training*, Neuer Kaiser Verlag, € 5,00

Sitz! Platz! Plätzchen — Beim Erscheinen vor sechs Jahren jubelte das Hundefachblatt *Bild:* »Im Buch *Sitz! Platz! Plätzchen!* von Ingeborg Pils findet sich alles, was das Hundeherz höher schlagen lässt: Von ›Bananenbiskuits‹ über ›Müsli-Muffins‹ bis hin zu ›Sardellentaschen‹. ... Selbstverständlich sind alle Rezepte unter tierärztlicher Aufsicht zusammengestellt worden.« Doch bei näherem Hinsehen muss der Rezensent empört feststellen, dass der tierärztliche Aufseher sich nicht als Berater, sondern eher als Zensor betätigt hat: In allen Rezepten von »Lindas Leberwursttaler« über »Bonnies Bananenbiskuits«, »Pippos Pansenkekse« oder »Rüpels Hackfleischprinten« bis hin zu »Friedas feine Geburtstagsfischtarteletts« sind konsequent zwei Zutaten gestrichen worden: die Prise Arsen und der kräftige Schuss Rizinusöl.

Ingeborg Pils, *Sitz! Platz! Plätzchen*, Parragon Verlag, € 3,99

Lesen statt bellen – Der Buchtitel stimmt versöhnlich. Ruhe, endlich eine friedfertige Ruhe, nur noch gestört von einem sanften Seitenblättern. Kein Gekläffe mehr. Statt eines »Sitz-Platz-Fass« wird einem Hund nur das kleine und große ABC antrainiert. Und wäre der Verlag »Rasch und Röhring« 1999 nicht pleitegegangen, wären sicherlich noch zwei wundervolle Fortsetzungen publiziert worden: »Lesen statt koten« und »Lesen statt beißen«. Doch Hans-Helmut Röhring kümmerte sich lieber um seine umfangreiche Elefanten-Sammlung, und Autor Roger Anderson hatte das Nachsehen. Ist aber auch nicht weiter schlimm, denn der Autor behauptet allen Ernstes: Auch Hunde haben ein Recht auf Bildung.

Roger Anderson, *Lesen statt bellen*, Rasch und Röhring, nur noch antiquarisch

Fred & Otto – Ein wunderschöner Stadtführer mit Hundewiesen, Kackstationen und Wellnessplätzen, der sich zwar vordergründig an die sogenannten Hundefreunde richtet, in Wahrheit aber ein radikaler Wegweiser für den echten Hundefeind ist. Frei nach dem Motto von Mao und Winnetou: Wenn du weißt, wo der Feind pinkelt und kotet, kannst du äußerst effektiv zuschlagen.

Holger Wenzel/Mike Meinert, *Fred & Otto. Stadtführer für Hunde. Unterwegs in Hamburg*, Der Hundeverlag, € 14,90

Hier liegt der Hund begraben – Von Tierfriedhöfen und Tierbestattungen – Der Titel verspricht feine Ironie, wenn nicht gar deftigen Sarkasmus. Doch weit gefehlt. Die ersten Zweifel kommen auf, wenn die Autorin schon im zweiten Absatz des Vorworts von ihrer Tante spricht und gesteht: »Sie deutete nur auf ein Porzellangefäß auf dem Wohnzimmerschrank: ›Da ist unsere Emma drin.‹ Spätestens da wurde mir bewusst, dass ich es mit einem ganz normalen Stück Alltagskultur zu tun hatte.« Was auf den folgenden 126 Seiten dargeboten wird, ist zwar äußerst faktenreich und sorgfältig recherchiert, verhehlt aber nie die distanzlose Sympathie für Hündchen, Herrchen und Frauchen. Schlichte oder pompöse Hundegrabsteine werden zu Denkmälern hochstilisiert. Es geht von den politischen Gräbern der Windspiele Friedrich des Großen oder der Bismarck'schen Reichsdoggen (kein Wort über Blondi, so viel Political Correctness muss sein) über den Dackel Kuno der »Malerin, Schriftstellerin und Tierpsychologin (!) Mathilde Freiin von Freytag-Loringhoven« bis zu den kitschigen Memorials für Bello, Fiffi und Puschel.

Bedauert wird in diesem enttäuschenden Büchlein, dass es in Deutschland nicht erlaubt sei, Hund und Herrchen nebeneinander, Seit' an Seit', auf einem gemeinsamen Friedhof beizusetzen. Susanna Kolbe: »Rudolph Moshammer und Daisy hätten es gern so gehabt – man hätte es ihnen gegönnt.«

Einziger Lichtblick: zwei lange Fotostrecken von Hundefriedhöfen mit zahlreichen Einzelgräbern. Die zu betrachten ist einfach nur schön: voll beknackt und zum Totlachen.

Susanne Kolbe, *Hier liegt der Hund begraben*,
Jonas-Verlag, € 15,00

Der Gang vor die Hunde – 1931 erschien in der Deutschen Verlags-Anstalt Erich Kästners Roman *Fabian – Die Geschichte eines Moralisten*. Wichtige Passagen wurden vom Lektorat am »Vorabend der Machtergreifung« entschärft oder gar gestrichen. Dem Hamburger Atrium Verlag gebührt nun Respekt und Ehre, die Originalfassung mit dem Originaltitel herausgebracht zu haben. Wer *Fabian* schon gelesen hat, sollte nun unbedingt zur Urfassung greifen. Und alle anderen erst recht!

Erich Kästner, *Der Gang vor die Hunde*, Atrium, € 22,95

Der Hund – Schon wegen des Titels hat dieser hervorragende Roman des Iren Sean McGuffin auf dieser Seite seine Berechtigung. Obendrein ist diese Verschwörungsgeschichte um einen »gestandenen IRA-Revolutionär«

(Klappentext) so politisch unkorrekt, dass sie gelobt und gelesen werden muss.

Sean McGuffin, *Der Hund*, edition nautilus, € 10,80

Hunde fliegen tief – Liegt zwar ungelesen in der Redaktion rum, aber der Titel ist so schön, dass eine Besprechung erforderlich ist. Daher ein kurzer Auszug aus dem Klappentext: »Sein neuer Roman (…) ist eine Satire auf die Goldgräber im Westen wie im Osten, auf die Glückssehnsucht der Erfolgreichen wie der Underdogs und auf die falschen Bilder, die wir voneinander haben, sobald uns eine Welt trennt. Rasant, witzig und verdammt bissig: Wau!«

Alek Popov, *Die Hunde fliegen tief*, Residenz Verlag, € 22,00

Der kalte Hund – Ein Buch, ganz nach meinem Geschmack und im Geiste von *Kot & Köter*: Lyrik, Karikaturen, Geschichten rund um den Hund. Ironie wird großgeschrieben, Spott ausgeschüttet, aber auch um Verständnis geworben. Anders ist der Satz der beiden Herausgeber nicht zu deuten: »Und denken Sie daran: Jeder tritt mal rein! Viele aber auch daneben, und das bringt im wahren Leben auch nur kein Glück …«

Uwe Dressel/Alexander Neumeister, *Der kalte Hund*, Ibis Edition, nur noch antiquarisch

Fröhliche Hundegeschichten – Gerne würde ich dieses Buch rezensieren, denn es ist »dunkel, abseitig, morbide, vor allem aber: absurd-komisch«, so der Klappentext. Geht aber nicht, denn das wäre eine unzulässige

Vermischung von redaktionellen Texten und Werbung, und der deutsche Presserat würde uns rügen. Denn die Autoren kommen vom »caneologischen Fachblatt *Titanic*« (Klappentext), das just in Ausgabe 2 von *Kot & Köter* eine ganzseitige Anzeige geschaltet hat. Daher muss noch einmal der Klappentext herhalten: »Hundefreunde wie -feinde werden gleichermaßen entzückt und schockiert durch dieses Album schreiten.«

   Leo Fischer/Leonard Riegel, *Fröhliche Hundegeschichten*,
   Eichborn, € 12,99

Im Hundehimmel – Auch der Untertitel lässt nichts Gutes ahnen: »Wenn der beste Freund des Menschen nicht mehr da ist – Ein literarischer Trostspender«. Und fürwahr, es ist ein zu Papier gebrachter Streifzug im unsäglichen Hundequark, hier liebevoll »Hundehimmel« genannt. Das geht mit Kurzgeschichten oder Gedichten von der Gartenschriftstellerin Elizabeth von Arnim, über die Wandsbeker Pfeife Matthias Claudius bis leider hin zu der avantgardistischen Schriftstellerin Virginia Woolf. Leider entpuppt sich auch der hochgeschätzte Pablo Neruda als Hundefreund. Versöhnlich jedoch die letzte Zeile seines Gedichts: »Er ist weg, und ich begrub ihn, und das war alles.«

Schön missverständlich auch das Schlusswort von Robert Louis Stevenson: »Du denkst, Hunde kommen nicht in den Himmel? Ich sage dir, sie werden früher dort sein als irgendeiner von uns.«

   Aleksia Sidney (Hrsg.), *Im Hundehimmel*, Atlantik,
   € 15,50

WWW – Gefunden im Netz

Es gab einmal eine Zeit ohne Internet, ohne Facebook und ohne YouTube. Die fünfziger Jahre des vergangenen Jahrhunderts waren so eine Epoche. Sonst hätte ich posten können, wie Pummi dem Polizisten die Hose zerriss, sein Gekläffe uns Kinder in Angst und Schrecken versetzte, oder der Spitz gehorsam an seiner Leine, der Mitschleppschlaufe, mit dem sonst so ängstlichen Kind, mit mir, durch den Garten ging. Heute bietet das Netz eine wahre Fülle von witzigen oder derb-kräftigen Hundevideos. Andere Hundegegner, -feinde oder -hasser haben in mir einen Verbündeten im Geiste gesehen, und mir die Links geschickt. Hier nur eine kleine Auswahl meiner liebsten Videos, denn wer sucht, findet auf YouTube noch viel, viel mehr:

US-Hero

Dieses Video, das auch *spiegel online* bereitstellte, ist ein unscharfer Zusammenschnitt einer Heldentat. Der kleine Jeremie spielt in Kalifornien vor dem Haus seiner Eltern und wird plötzlich vom Hund des Nachbarn angegriffen. Doch Katze Tara setzt zum Gegenangriff an, vertreibt den Hund und wird zum berühmtesten Tiger Amerikas: über 4 Millionen Klicks in zwei Tagen:

www.youtube.com/watch?v= xkSzRULeELM

Stehpinkler

Die meisten Männer hierzulande haben es sich nolens volens längst abgewöhnt: das Pinkeln im Stehen. Aber der »beste Freund des Menschen« lässt sich nicht so einfach erziehen, macht nicht »Platz« und pinkelt ungeniert weiter, stehend auf zwei Pfoten:

www.facebook.com/video.php?v=515732191820790&set=vb.100001520404265&type=2&theater

Scheinheiligkeit

Im Boulevard-Journalismus gibt es eine unumstößliche Regel: Reißerische Bilder, und seien sie noch so schrecklich, müssen gezeigt werden. Um es sich aber nicht mit sensiblen Lesern zu verderben, wird mit großer Empörung ein scheinheiliger Satz vorangestellt: »Darf man solche Bilder zeigen?« Im Fernsehen ist es nicht anders. Auf Pro 7 erregt sich Rebecca Mir in der Anmoderation über eine Webseite wie folgt: »Was wir jetzt im Netz gefunden haben, ist wirklich das Allerletzte.« Und dann werden schamlos Bilder von *gegenhund.org* im Boulevard-Magazin *taff* gezeigt:

www.youtube.com/watch?v=jmbl-TbKC1s

Saubermann 007

Und noch einmal Berlin: Dem bereits erwähnten 80-jährigen Rentner Manfred Gresens stinkt Dreck, Unrat und vor allem Hundescheiße gewaltig. Er gibt den Rapper und rebelliert gegen die täglich anfallenden 55 Tonnen Hundekot auf den Straßen der Hauptstadt. Mit acht Minuten vielleicht ein wenig zu lang, aber dennoch recht hübsch, sehr engagiert, informativ und überzeugend.

www.youtube.com/watch?v=OvsZW23I_iQ

Dogmeat Song

Es ist eine althergebrachte asiatische Sitte, sich zu Weihnachten im Kreise der Lieben mit Gesang auf den Verzehr des festlichen Hundebratens einzustimmen. Einschlägige Liederbücher finden sich unter den Top Ten der Bestseller-Listen. Alte Traditionsgesänge und neue Lieder werden veröffentlicht. Wohl eins der berühmtesten ist der »Dogmeat Song« von Hi-Shin Ann (Text) und Yung-Geun Ann (Melodie).

www.youtube.com/watch?v=dk2mXuroK74

Das große Geschäft

In diesem Kurzfilm kämpft ein kleiner Junge auf seinem Schulweg vergeblich gegen Hundehaufen. Eines Tages aber hat er eine treffliche Idee und wittert das große Geschäft: Hundehalter werden zur Kasse gebeten. Auf den Bamberger Kurzfilmtagen im Januar 2014 erhielt dieser Film in der Kategorie Kinder-Kurzfilm den 1. Preis. – Regie + Realisation: Alexander Buch; der Junge: Floyd Sliker.

www.abgl.de

Bildschirmschoner

Zugegeben, es gibt sie hin und wieder, die Hunde, die eine nützliche Tätigkeit ausüben. Gut abgerichtet, sind sie zum Beispiel als Grubenhunde einsetzbar oder zu gehorsamen Milchkarrenhunden erzogen. Nützlich sind sie auch am PC als Bildschirmschoner:

www.lingdao.fr/outils/nettoyeurecran/cleanscreen.swf

Alle Hunde tot

Hundekot und Berlin – ein immer wiederkehrendes Thema in Deutschlands Hundehauptstadt. Martin Dieselhorst hat seinen Frust aufgeschrieben, vertont und mit Akkordeonbegleitung gesungen: »Das ist der erste Song, der hier gepostet wird. Ich hab ihn gaaaanz alleine geschrieben und mir ging's danach auch gleich viel besser. Hört ihn euch an.«

www.martin-dieselhorst-vierer.de/alle-hunde-tot/

Treue Augen im Glas

Walter Hedemann (72) begann schon in den 1960er Jahren, Chansons und Couplets zu schreiben, die er selbst am Klavier vortrug. Er ist also einer der ganz Alten, die schon bei den Chanson-Folklore-Festivals auf der Burg Waldeck dabei waren. Mit seinen ironischen Liedern wurde und wird er oft mit Georg Kreisler und dessen schwarzen Humor in eine Reihe gestellt. Und wie Kreisler mit seinem Chanson »Taubenvergiften im Park« besang

Hedemann den treuesten Freund des Menschen mit dem wunderschönen Lied »Die Augen eines Hundes«:

www.kotundkoeter.de/ausgaben/2015/heft-04/links/links.htm

Eine Seele wie pures Gold

Der Deutsche und sein Schäferhund, dargestellt von Gerhard Polt und dem »echten Urenkel von dem Onkel von dem Hund von Adolf Hitler«. Es ist ein Klassiker, der tief in die Seele eines Hundehalters blicken lässt und kein Klischee ausspart.

www.youtube.com/watch?v=u4SLS0UR-7s

Hundewiesen-Tratsch

Hundewiesen gleichen Kinderspielplätzen. Hier wie dort wird geschnattert und getratscht, gefachsimpelt und belehrt, werden Erfahrungen und Meinungen ausgetauscht. Es bilden sich eigenständige Gruppen, die sich schon lange kennen. Neulinge werden mit Argwohn betrachtet.

Rund um den Sandkasten sind es Mütter mit Kinderwagen und ihren Neugeborenen, reifere Frauen mit älteren Kleinkindern, die schon toben können oder verträumt Sandkuchen backen, und Kindergärtnerinnen, die wachsam ihre Kita-Gruppe im Auge behalten und ständig Warnungen flöten.

Auf der Hundewiese treffen sich die Frauengruppe mit ihren Hundepüppchen, die Herrenrunde mit ihren abgerichteten Befehlsempfängern und die Tiernanny mit den Tages-Hunden. Eher am Rande und stets argwöhnisch betrachtet, stehen die Außenseiter mit den Straßenkötern. Zwischen den einzelnen Gruppen pendelt zwanglos der Hunde-Flaneur mit seiner Rassetöle, der keinen Versuch nach einem kurzen Flirt auslässt – stets auf der Suche nach einem »One-Stick-Stand«.

Tratsch in der Frauenecke

»Die Kleine macht jetzt von Tag zu Tag so schöne Fortschritte.«

»Oh ja, wie süß. Wobei denn?«

»In der Huta zeigen sie ihr, wie sie nach dem Schietern richtig scharren muss. Es ist so goldig, wie sie es den Nannys nachmacht.«

»So richtig mit einem echten Pupsipups?«

»Nein, nein, doch nicht in echt. Das lernen sie erst nächste Woche. Die haben so niedliche Köterlis aus Plastik oder so.«

»Und dann, nächste Woche?«

»Da gehen sie gemeinsam in den Park neben der Schule und machen es in echt.«

Pause, dann ein entzückter Aufschrei:

»Sieh nur, Chita versucht es auch hier. In der Sandkiste da drüben. Ja mach nur, mach es nur mein kleines Schieterli.«

»Ach, wie süß.«

*

»Es ist so schrecklich. Der Arzt hat gesagt, dass Lara unbedingt eine Wurmkur machen muss. Dabei mag sie das Zeug gar nicht.«

»Auch nicht mit Beefsteakhack und einem Eigelb?«

»Nein, sie ist so schlau. Die Kleine merkt es sofort.«

»Geh doch mal zu Martina nach Eimsbüttel. Die hat im *Poodlewohl* auch eine Biopaste, absolut geruchsfrei.

Sally hat gar nichts gemerkt. Nach zwei Wochen hat sie wieder schöne kleine Häufchen gelegt.«

*

»Marcus hat jetzt eine Neue eingestellt, eine echte Japanerin. Tanaka oder so. Die macht nicht einfach so Waschen, Schneiden, Fönen, sondern das volle Kirschblüten-Programm. Ganz zärtlich hat sie Daisy frisiert. Supersanft wurde nach der Wäsche ihr Fell mit vorgewärmten Tüchern abgetupft, geföhnt und gestreichelt. Die feinen Finger der Japanerin strichen einfühlsam durch ihre Locken und die Haarstärke wurde bestimmt. Dann erst kamen Farbvorschläge mit den feinsten Nuancen, die sooo harmonisch vom Köpfchen bis zum Schwänzchen übergingen.«

»Oh, wie schön. Und diese kleinen kecken Tupfer an den Seiten. Ach, da geh ich mit Baby auch hin.«

*

»Ach, ist das aber süß, so richtig niedlich. Eine schnuckelige Bauchtragetasche!«

»Und echt praktisch auch. Nicht wahr, Cloé, jetzt können die großen, bösen Hunde dich nicht mehr so leicht ärgern und anspringen.«

»Und bestimmt immer schön kuschelig warm für den kleinen Liebling. Und das Köpfchen an deiner Brust, herrlich. Und auch noch von Vuitton.«

»Ja, eine echte Louis Vuitton Dog Bag. War ein echtes Schnäppchen. Nur 990 Euro.«

»Echt?«
»Echt!«

*

»Strolchi und ich kaufen ja nicht mehr bei Nobel-Dogs.de, das Internet ist uns zu unpersönlich.«

»Wir gehen auch nur noch zu Koko von Knebel. Die beraten noch richtig individuell.«

Die Herrenrunde

»Kam uns da doch neulich am Isebekkanal ein Fahrradfahrer auf dem Fußweg entgegen. Klingelt auch noch frech. Den hat Falk aber sofort gestellt und ordentlich ausgebellt.«

»Ja, der Falk, ein richtig guter Vorstehhund.«

»Es macht sich eben bezahlt: Harte Schule, harter Kern.«

»Und der Radfahrer?«

»Wollte erst pöbeln, hat dann aber richtig Schiss gekriegt.«

*

»Auf dem Pfotenplatz haben sie jetzt einen neuen Trainings-Parcours mit einer Drei-Meter-Wand. Hat Rex auf Anhieb geschafft. Rauf und rüber. Kein Problem für ihn.«

»Ja, gute Trainer dort. Senta läuft jetzt auch ohne

Scheu durch die Vier-Meter-Röhre. Ihre Zeiten werden immer besser.«

»Die haben bald auch Kurse für Hunde-Fußball. Werd' Rex dort anmelden.«

»Feld oder Tor?«

»Tor wär' mir lieber.«

*

»Ali, unser Gemüse-Türke, hat es doch tatsächlich geschafft, dass Selma, seine Kangal, genau drei Meter hinter ihm geht. Immer bei Fuß. Alle Achtung.«

»Mit oder ohne Halstuch?«

*

»Sultan muss nächste Woche zum Hörtest.«

»Och nee.«

»Doch. Er hört nicht mehr auf meine Befehle. Das macht mich ganz unglücklich.«

*

»Franz-Josef! Hierher! Komm her! Sofort!«

»Lass ihn doch toben.«

»Ja schon. Aber ein reinrassiger Weimaraner mit diesen schmuddeligen Mischlingshunden von den Punks da hinten. Das geht gar nicht. Franz-Josef, komm sofort hierher!«

*

Der Flaneur

»Mein schönes Fräulein, darf ich wagen, meinen Mops und Halsband Ihr anzutragen.«

»Bin weder Fräulein, weder Mops. Kann ungeleint nach Hause gehn.«

*

Der Kinderspielplatz nebenan

»Ich packe meinen Koffer und nehme Chita mit.«

»Ich packe meinen Koffer und nehme Chita und Lara mit.«

»Ich packe meinen Koffer und nehme Chita, Lara und Daisy mit.«

»Ich packe meinen Koffer und nehme Chita, Lara, Daisy und Baby mit.«

»Ich packe meinen Koffer und nehme Chita, Lara, Daisy, Baby und Cloé mit.«

»Ich packe meinen Koffer und nehme Chita, Lara, Daisy, Baby, Cloé und Strolchi mit.«

»Ich packe meinen Koffer und nehme Chita, Lara, Daisy, Baby, Cloé, Strolchi und Falk mit.«

»Ich packe meinen Koffer und nehme Chita, Lara, Daisy, Baby, Cloé, Strolchi, Falk und Rex mit.«

»Ich packe meinen Koffer und nehme Chita, Lara, Daisy, Baby, Cloé, Strolchi, Falk, Rex und Senta mit.«

»Ich packe meinen Koffer und nehme Chita, Lara, Daisy, Baby, Cloé, Strolchi, Falk, Rex, Senta und Selma mit.«

»Ich packe meinen Koffer und nehme Chita, Lara, Daisy, Baby, Cloé, Strolchi, Falk, Rex, Senta, Selma und Sultan mit.«

»Ich packe meinen Koffer und nehme Chita, Lara, Daisy, Baby, Cloé, Strolchi, Falk, Rex, Senta, Selma, Sultan und Franz-Josef mit.«

Plötzlich hallen aufgeschreckte Rufe wild durcheinander über die Hundewiese: »Chita – Sultan – Klö – Falk – Selma: Wo seid ihr? Wo seid ihr denn?«

Vom Spielplatz ist glockenhelles Kinderkichern zu hören und ein dumpfes Hundegebell – ängstlich, winselnd und aggressiv aus einem verschlossenen Reisekoffer.

Befehle

Das Wesen des Hundehalters lässt sich leicht unter den deutschen Tugenden »Befehl und Gehorsam« zusammenfassen. Standardwerke gliedern dieses in zehn Kommandos der Unterordnung:
Nein – Komm – Sitz – Platz – Hier – Fuß – Stopp – Aus – OK – Fass

Nein:

Der wohl wichtigste Befehl in der sogenannten Hundeerziehung. Er sollte bei jeder Gelegenheit angewendet und gebrüllt werden. Egal ob auf Wegen und Wiesen, zu Wasser, zu Lande oder in der Luft. Ein herrisches »Nein« und Hund und Halter sind wieder unter sich, ganz dicht beieinander.

Die Experten von *hundefreunde-woernitzgrund.de* betonen daher auch auf ihrer Webseite: »Das NEIN ist ein absolutes Gebot, das immer besteht. (…) Dulden Sie hier in keinem Fall Ungehorsam. Der einmal gegebene Befehl muss unbedingt befolgt bzw. ausgeführt werden. Um diesem Befehl Nachdruck zu verleihen, ist das Erschrecken gerechtfertigt.«

Komm:

Auch ein sehr begrüßenswertes Kommando, zeigt es doch nicht nur das Besitzverhältnis an, sondern kann auch beim Hundefeind ein erleichtertes Aufatmen hervorrufen. Hauptsache ist, dass der Hundehalter weit weg ist, und der Köter bei »Komm« in die Ferne verschwindet.

Das Beobachten des Befehlsgebers kann ein zusätzlicher Genuss sein. Jener klopft sich beim Kommando auf die Oberschenkel und geht zur Verstärkung in die Hocke, öffnet die Arme weit und täuscht ein freundliches Lächeln vor.

Sitz und Platz:

Die beiden Befehle sind Fuß- und Handbremse der Hundehalter: Sie sind sich nicht sicher, was ihre Köter als nächstes machen könnten, und gehen vorsichtshalber in eine von ihnen als neutral empfundene Wartehaltung. Auch versuchen sie, so Diskussionen mit aufgebrachten Bürgern oder dem städtischen Ordnungsdienst zu vermeiden.

Gerne bringen sie daher auch ihre Standard-Argumentation vor: »Meiner braucht nicht angeleint zu sein. Sehen Sie, er gehorcht auch so sofort.«

Hier:

Der Hundehalter zeigt mit dem Zeigefinger vor sich auf den Boden. Ursprünglich diente der Befehl dazu, dass der Jagdhund die Beute zwischen den Füßen des Jägers ablegt. Heute hat der Hier-Befehl gerade in Großstädten nur eine Bedeutung: Genau hier wird abgekotet und sonst nirgendwo.

Fuß:

Leider ist dies nicht als Befehl zu verstehen, den Hundebesitzer in den Fuß zu beißen, sondern lediglich, mit ihm Schritt zu halten. Meist wird das Kommando »Fuß« nicht beim versöhnlichen Weggehen, sondern eher im aggressiven Nähern verwendet.

Besondere Vorsicht ist geboten, wenn dieser Befehl von einem leicht nuschelnden oder schwer lallenden Halter gegeben wird, denn leicht kann aus einem »Fuß« ein folgenschweres »Fass« werden.

Stopp:

Es ist einer der absurdesten Hundebefehle, wird dieses »Stopp« doch vom Halter »durch lautes Klatschen oder lautes Pfeifen« (*hundefreunde-woernitzgrund.de*) mit »Sicht- oder Handzeichen« begleitet. Dieser Divergenz-Befehl, der genau dem einfältigen Hundegebell (»Geh weg – Komm her«) entspricht, mahnt zur äußersten Vorsicht. Schlimmer nur noch das Kommando

Aus:

Hier wird vom Hundehalter die offene Hand nach oben gehalten, was nichts anderes bedeutet als: Du hast dein

Werk vollbracht, nun lege deine Beute als milde Gabe in meine Hände. Dort landen in der Regel zerfetzte Hosenbeine, kleine Fleischstückchen oder ganze Kinderarme.

OK:

Der OK-Befehl ist das »gesegnete Mahlzeit« in der Hundefamilie: Erst jetzt darf gesabbert und geschlungen werden. Hundehalter lieben das OK, denn »mit der Freigabe des Futters durch OK festigen Sie auch die Rangordnung. Als Rudelführer obliegt es Ihnen alleine, wann Sie das Futter für die übrigen Rudelmitglieder, also Ihrem Hund freigeben« (*hundefreunde-woernitzgrund.de*).

Fass:

Es ist der Königsbefehl unter Hundehaltern und Rudelführern. Als Sichtzeichen deutet ein ausgestreckter rechter Arm dem Hund die Fangrichtung an. Schnellt also ein rechter Arm in die Höhe, so ist äußerste Vorsicht geboten.

In offiziellen Trainingsangeboten der Hundeschulen findet sich das Fass-Kommando eher selten, aber nach jeder offiziell beendeten Trainingseinheit wird zur besonderen Gaudi der meist männlichen Teilnehmer ausgiebig ein »Fass« aufgemacht.

Hintendran: Rezepte

Als Leckerli möchte ich Ihnen die kulinarischen Highlights nicht vorenthalten. Sie sind mit Liebe kuratiert und decken eine breite Spanne der kulturellen Diversitäten ab:

Klare Garlic-Bobtail-Suppe

1 kg Bobtail-Schwanz, in Stücke gehackt
3 EL Mehl
3 TL Paprikapulver
1 TL Salz
0,75 l Sherry, trocken
8 Knoblauchzehen
4 Zwiebeln
½ l Fleischbrühe
½ l Gemüsebrühe
1 Glas Sekt

Mehl mit Paprika und Salz in einer mittelgroßen Schüssel gut vermischen, die Bobtail-Stücke darin wenden und rundum bestäuben. In einem großen Schmortopf das Öl erhitzen und die Fleischstücke von allen Seiten scharf anbraten. Mit kochendem Wasser ablöschen. Nach etwa fünf Minuten ½ l Sherry, Knoblauchzehen (im Stück) und die geviertelten Zwiebeln dazu; salzen, pfeffern und zugedeckt bei schwacher Hitze 1 Stunde garen. 1 l Fleisch- und Gemüsebrühe zugeben und weitere 2 Stunden köcheln lassen. Fleischstücke aus der Suppe nehmen, Fleisch vom Knochen trennen und warm stellen. Gesamte Flüssigkeit durch ein Sieb in eine vorgewärmte Schüssel gießen und wieder zusammen mit den Fleischstückchen in den Topf geben. Mit dem restlichen Sherry und Sekt auffüllen und noch eine Viertelstunde ziehen lassen, darf nicht wieder aufkochen. Fett abschöpfen und mit einem trockenen Weißwein servieren.

Koreanische Bosingtang (Tang kor. = Suppe)

400 g Hundefleisch (Hohe Rippe oder Roastbeef)
2 l Fleischbrühe
80 g Grüne Pilze
40 g Lauch
40 g Sesamblätter
40 g Tarostängel (Knollenfrucht)
50 g Salz
2 Zehen zerstoßener Knoblauch
15 g Sesam
10 g Roter Pfeffer
10 g. zerstoßener Ingwer
1 TL Pfeffer

Tarostängel in Wasser einweichen (ein bis zwei Tage). Fleisch in kleine Stücke schneiden und zusammen mit den Tarostängeln in die Fleischbrühe geben. Eine knappe

Stunde sanft vor sich hin köcheln lassen. Dann mit dem Gemüse und den anderen Zutaten kurz aufkochen und etwa eine halbe Stunde bei kleiner Hitze ziehen lassen. Mit Pfeffer würzen und in ein Tongefäß füllen. Als Beilagen eignen sich Chinakohl oder Kimchi, frische Pfefferschoten und Gurken. Nach dem Servieren verfeinert ein Gläschen Soju-Likör den Geschmack. Als Getränk wird Grüner Tee gereicht.

Schäferhund-Bries auf feinen Cockerspaniel-Ohren

½ l Milch
1 EL grobes Salz
900 g Schäferhund-Bries
50 g Butter
3 Schalotten
2 Knoblauchzehen
Salz, Pfeffer
3 Cockerspaniel-Ohren
2 EL pikantes Paprikapulver
4 Knoblauchzehen
3 Lorbeerblätter
einige Stiele Petersilie
Olivenöl

Bries: Die Milch mit einem Liter Wasser und dem groben Salz vermengen. Das Bries einlegen und 15 Minuten blanchieren. In kaltem Wasser abschrecken. Das Bries von der dünnen Außenhaut und den sehnigen Fäden befreien. Zwischen zwei angefeuchtete Holzbretter legen, pressen und in sechs Stücke schneiden. Schalotten und Knoblauchzehen halbieren und in einer Pfanne in der Butter zehn Minuten auf kleiner Flamme anschwitzen, bis die Butter braun wird. Die zurechtgeschnittenen Briesstücke zugeben und von jeder Seite je fünf Minuten braten. Sie dürfen nicht austrocknen, daher immer wieder mit Butter beträufeln. Mit Salz und Pfeffer würzen. Abgedeckt bei 100 Grad Ofenhitze warm stellen.

Ohren: Die Cockerspaniel-Ohren kurz mit kochendem Wasser übergießen, gut putzen, von den Borsten befreien und halbieren. In einen Topf geben, mit Wasser bedecken. Salz, Nelken, Lorbeerblätter und das Paprikapulver zugeben und etwa 30 Min. kochen. Im Wasser abkühlen lassen. Kurz bevor der Sud anfängt zu gelieren, die Ohren herausnehmen und kalt stellen. Wenn sie gut abgekühlt sind, mit wenig Olivenöl und dem kleingehackten Knoblauch unter ständigem Wenden in einer Pfanne etwa 15 Minuten braten.

Auf den knusprigen Cockerspaniel-Ohren den Schäferhund-Bries anrichten und mit der Petersilie dekorieren.
Dazu: ein leichter Rosé.

Chau-Chau blau

1 Zunge vom Chow-Chow
3 Karotten
3 Zwiebeln
2 Stangen Bleichsellerie
1 kleine Ingwerknolle

Gewürzmischung aus Salz, Pfeffer, 1 TL Sesam
süß-sauer eingelegte Perlzwiebeln, Gurken und Litschis
Sojasauce

Die Zunge fünf Minuten in kochendem Wasser blanchieren, anschließend kalt abspülen. Karotten, Zwiebeln, Sellerie und Ingwer schälen und in kleine Stücke schneiden. Die Zunge, das Gemüse und die Gewürzmischung in einen Topf mit kaltem Wasser geben und auf kleiner Flamme drei Stunden garen, bis das Fleisch ganz zart ist. Die Zunge herausnehmen, häuten und in dünne Scheiben schneiden. Ein wenig Sojasauce über das Fleisch träufeln. Mit den Gurken, Zwiebeln und den Litschis garnieren. Die Brühe köcheln und dann aus vorgewärmten Tassen trinken.

Altsächsisches Kanonenfutter aus der Hundekeule

2 kg Alano-Hundekeule
1½ l trockener Rotwein
2 Zwiebeln
3 Knoblauchzehen
2 EL Kräuter der Provence
Salz, Pfeffer, Thymian, Basilikum

Die Hundekeule mindestens 24 Stunden vor der Zubereitung einlegen: Den Rotwein in einen Bräter gießen; Zwiebeln schälen und vierteln; beim Knoblauch die Haut abziehen; beides dem Rotwein zugeben; die Keule großzügig mit Salz, dem gemahlenen Pfeffer, Thymian, Basilikum und Herbes de Provence würzen und in die Rotweinmarinade legen. Die Keule hin und wieder wenden, damit das Fleisch sich gleichmäßig mit Rotwein vollziehen kann. Nach den 24 Stunden den Backofen auf 200 Grad (Heißluft) oder auf 220 Grad (E-Herd) vorheizen. Die Hundekeule etwa zweieinhalb Stunden darin durchgaren. Hin und wieder mit dem Sud übergießen. Ist die Keule gar, wird sie warm gestellt. Der abgesiebte Sud wird als Basis für die Sauce leicht aufgekocht und mit Sahne nach und nach angedickt. Mit Kartoffelklößen und Rotkohl servieren. Als Getränk empfehlen sich die restlichen Flaschen aus dem Rotweinkarton.

Argentinischer Dackelrücken

600 g Dackelbraten (Keule oder Schulter)
6 EL Olivenöl
1 Zwiebel
1 Bund Suppengrün
1 Lorbeerblatt
4 Pfefferkörner
1 TL Rosmarin
1 TL Thymian
1 TL Salbei
50 g Butter
½ l Hundefond
1 Knoblauchzehe
Salz, Pfeffer, saure Sahne

Fleisch unter kaltem Wasser abspülen. Trockentupfen, mit Salz und Pfeffer einreiben und im Bräter rundum im Olivenöl anbraten. Mit der Hälfte des heißen Hundefonds übergießen. Bräter auf die mittlere Schiene in den vorgeheizten Ofen (220 Grad) schieben. Hin und wieder mit etwas Fond übergießen. Nach einer Stunde Bratzeit die geviertelte Zwiebel, die zerdrückte Knoblauchzehe, das geputzte Suppengrün, Lorbeerblatt, Rosmarin, Thymian, Salbei, die Pfefferkörner und den restlichen Fond zugeben. Nach ca. einer weiteren halben Stunde den Braten herausnehmen, in Alufolie einwickeln und warm halten. Fond/Sud durch ein Sieb streichen, kurz aufkochen lassen und mit saurer Sahne verfeinern. Mit Salz und Pfeffer abschmecken. Den Braten aus der Alufolie nehmen und in der Butter unter ständigem Wenden und Rühren für eine Minute noch einmal scharf anbraten.

Beilagen: Sauerkraut, Thüringer Klöße und natürlich Bier.

Hund Köttbullar

300 g Husky-Hackfleisch
3 TL Paniermehl
0,1 l Milch
1 TL geriebene Zwiebel
1 Ei
Salz, Pfeffer und Piment
Lebertran zum Braten

Paniermehl in eine Schüssel geben und die Milch zugeben. Einige Zeit aufquellen lassen. Dann die übrigen Bestandteile zugeben und das Hackfleisch zu einer geschmeidigen Masse verarbeiten. Kleine Fleischbällchen rollen und bei mittlerer Hitze hellbraun braten.

Flambierte Husky-Pfoten mit Gorgonzola

4 Husky-Pfoten
500 g Gemüse der Saison
150 g Gorgonzola
1/8 l Weißwein (ersatzweise 1/8 l Gemüsebrühe)
1 Becher Sahne
Öl o. Butterschmalz
Pfeffer, Salz
Mehl
1 kl. Tasse Sambuca

Die Husky-Pfoten abwaschen, mit Küchenpapier trockentupfen und in Mehl wenden. Öl oder Butterschmalz in einer Pfanne erhitzen. Die gesalzenen und gepfefferten Pfoten hineingeben und von allen Seiten anbraten. Hitze reduzieren und ca. 15 Minuten weitergaren lassen. Die Pfoten aus dem Bratensaft rausnehmen und im Ofen warm stellen. Den Bratensaft mit Weißwein oder Gemüsebrühe ablöschen. Jetzt den kleingeschnittenen Gorgonzola hinzufügen. Umrühren, bis der Gorgonzola geschmolzen ist. Dann die Sahne hinzufügen. Unter Erhitzen rühren und einreduzieren lassen, bis die gewünschte Soßenkonsistenz erlangt ist. Parallel dazu einen

Topf mit ca. 1 l Wasser und einer guten Prise Salz aufsetzen. Das geputzte Gemüse (z. B. grüne Bohnen) in das kochende Wasser geben und ca. 10 Minuten garen. Die Bohnen abgießen, in kaltem Wasser abschrecken (damit die grüne Farbe erhalten bleibt) und mit einem TL Butter zurück in den Topf und schwenken. Jetzt die warmen Pfoten in eine hohe Pfanne geben – bei mittlerer Temperatur. Den erwärmten Sambuca (zur Sicherheit, damit keine Stichflamme entsteht) in eine Metallkelle geben und entzünden. Vorsichtig über die Pfoten gießen. Die Flamme erlischt von allein, wenn der Alkohol verbrannt ist.

Die flambierten Pfoten auf die Teller geben, mit den Bohnen anrichten und dazu die Gorgonzolasoße reichen. Als Beilage eignet sich Ciabatta-Brot und ein kräftiger Weißwein.

Hate Poetry oder schlussendlich

Nun aber der verdiente Digestif:

Im Journalismus ist die »Leser-Blatt-Bindung« von unschätzbarer Bedeutung. Leserbriefe, Anregungen, Beschwerden werden sehr ernst genommen und in den täglichen Konferenzen vorgelesen und besprochen, um dann vielleicht als Geschichte ins Blatt gehoben zu werden.

Schon in der Phase des Crowdfundings, aber erst recht nach dem Erscheinen der Zeitschrift Kot & Köter *genoss ich die verblödeten Mails, die bitterbösen Leserbriefe und gestammelten Telefonanrufe.*

Jetzt weiß ich endlich, wer ich bin: ein »inkontinenter Altersschwuler«. So jedenfalls die Botschaft auf dem Anrufbeantworter. Also: ein weiser, durch die Schule vieler Redaktionen gegangener Journalist, der feingeistig und mit Charme und Humor sein gesammeltes Wissen versprüht. Super. Verwirrender da schon eher die Frage »Sind Sie der neue Hitler?«, die zwei Sekunden später beantwortet wird: »Ja, Sie sind der neue Hitler!« Ja, wat denn nu: Blondi oder nicht Hitlers Schäferhund? Gut auch die präzise Ankündigung: »Wir haben dich im Visier. Die Zeit tickt. Tack – tack – tack.«

Ich klaue an dieser Stelle den schönen Begriff »Hate Poetry«, denn die Hass- und Dummmails sind schlicht köstlich, herzerfrischend und meist urkomisch.

Ich bin gespannt, wie sie nach Erscheinen dieses Buches noch zu toppen sein werden. – Ach ja, ganz wichtig: Schreibfehler wurden nicht korrigiert, Satzzeichen nicht ergänzt oder gestrichen, ganz im Sinne der korrekten Wiedergabe der Quelle:

Schädel einschlagen

So ein krankes Schwein! Menschen, wie dieser langhaarige Bombenleger suchen nach Nischen, um sich zu profiliere. Wer für Hundekochrezepte wirbt ist einfach nur krank. Diese verachtende Haltung kann nicht toleriert werden. Seht euch dieses schmierige Schwein doch mal an. Er ist wegen seinem äußeren und seiner Texte die absolute Unterkante der humanen Lebensform. Jeder rational denkende Mensch, sollte diesem Stück Mist den Schädel zermatschen und ihn im Strassengraben verrotten lassen. Wir bleiben am Ball. Versprochen.

Börge

Ins Gesicht scheißen

Hey Wulf du Pissgeburt, wenn du dich schon wie eine Pussy über Hundekot aufregst, dann fress auch kein Grünzeug mehr, dass wird nämlich mit Kuhscheiße gedüngt. Du heulst rum weil Hunde bellen? Wie würdest du es finden wenn man dir das Sprechen verbietet? Wäre natürlich bei dir besser, denn aus deiner Schnauze kommt eh nur dummer Dreck. Wenn ich die Wahl hätte zwischen Kinder bekommen oder Hunde halten, ich würde zur Hundehaltung stimmen. Wer will schon dämliche Blagen? Mir fick egal ob deine Zeitschrift sowie deine Website nur Satire ist, du bist nicht lustig und das wirst du auch niemals sein.

Schade das du so weit weg wohnst von mir, ich hätte dich zu gern mit meinen beiden Hunden besuchen gegangen und die erstmal schön in den Garten oder in deine Wohnung scheißen lassen. Ich würde dir so gerne ins Gesicht scheißen ...

Anonym

Absurde Vermenschlichung

Als jemand, der beruflich mit Hunden zu tun hat, habe ich ständig mit völlig absurden Vermenschlichungen und merkwürdigen Beziehunggeflechten zu tun. Hunde sind längst Sozialpartner, Statussymbol und emotionaler Mülleimer für ihre Besitzer. Das ist mehr als problematisch – sowohl für die Hunde als auch für die Menschen, die diese Auswüchse zu ertragen haben.

Norman

Schnabeltasse

Trinkst bald aus der Schnabeltasse. Wichser wie Dich liebe ich genauso wie Muslime und anderes Dreckspack. Bekommst demnächst Besuch von unserem Hamburg chapter.

Roland

Unterstes Neveau

Nein, wo kommt bloß dieser Hass her, den mache Menschen in ihren Zuschriften zeigen? Da werden pauschal Muslime, Kinder, wir Spender und vor allem Sie, Herr Beleites beschimpft und gegen die Zeitschrift auf unterstem Niveau »argumentiert«. Ich bin eigentlich ein Hundefreund, finde die Idee zu *Kot & Köter* aber trotzdem klasse. Und wenn diese Zeitschrift einen einsamen Hochhausbewohner davon abhält, sich einen Hund zuzulegen, haben Sie sogar etwas für die Hunde und den Tierschutz erreicht.

Martin

Arschgesicht

Sehr geehrtes Arschgesicht Wulf Beleites, ich möchte Ihnen mitteilen, dass ich Sie für genauso dämlich halte, wie sie aussehen. Überdies sollten Sie endlich etwas gegen Ihre Inkontinenz unternehmen. Oder stinken Sie gerne vor sich hin?

Anonym

Anderer Titel

Um nicht noch mehr Hass auf Hunde zu schüren, sollte der Titel der Zeitschrift eher DAS BÖSE ODER UNFÄHIGE AM ENDE DER LEINE heissen. Ich hoffe, dass die Zeitschrift ein Reinfall wird. Was können die Tiere für ihre Herrchen und Frauchen?

Ute

Nur neidisch

Reudiger drecksspasst? kein Wunder wer so hässlich is kann nur neidisch auf solch wundervolle hundegeschöpfe sein!

Johanna

Einfach nur krank

Ihr dreckige gemeine miese kleine Schweine. Ihr seit das erbärmlichste was ich jemals sah. Hunde sind tolle tiere und ihr seit einfach nur krank!

Anonym

In Park scheißen

Fahrt nach China, da könnt ihr Hunde fressen. Seid froh, dass ihr eine halbe Gehirnwindung mehr habt, sonst müsstet ihr in Park scheißen und fragt mal die Hunde, was dann.

Anonym

Master of desaster

Deine Eltern hat Hitler auch vergessen zu vergassen, dann wäre ein krankes Schwein weniger auf der Welt.

Anonym

In die Schnauze

Wenn es er erlaubt wäre, würde ich Euren Mitgliedern stundenlang in die Schnauze hauen wollen. Dabei würdet Ihr wahrscheinlich auch in die Hose oder auf die Straße pinkeln oder scheißen.
 Uwe

Ohne Worte

Ich hoffe das sie beim nächsten Spaziergang in einen fetten, weichen Hundehaufen treten und schön auf die Fresse fallen am besten mit dem Gesicht genau in die Scheiße! Boah wie ich Leute wie sie verabscheue PAH!!!!
 Anonym

Hunde hassen

Deine Zähne und Deine Fingernägel, wie man sie in Fernsehberichten sehen kann, sind ekelerregender als Hunde-Kot. Für mich bist Du ein kranker Vollpfosten!!!
 Inliner 33

Also Leute, macht weiter so. Wunderbar. Und Pummi würde richtig laut mitkläffen...

Schlecky Silberstein

Ich kann keine Wurstzipfel essen

und 999 weitere seltsame Angewohnheiten

Humor.
Taschenbuch.
Auch als E-Book erhältlich.
www.ullstein-buchverlage.de

Die größte Spleen-Sammlung der Welt!

»Wenn ich das Haus verlasse, ziehe ich alle Stecker und mache Fotos davon, damit ich unterwegs weiß, dass auch wirklich alles aus ist.«

»Manchmal rasiere ich mir nur ein Bein, damit es sich im Bett so anfühlt, als läge ein Mann neben mir.«

»Bevor die Putzfrau kommt, putze ich das Haus wie wahnsinnig. Sie soll ja nicht denken, hier wohnt eine Sau.«

Blogger und Neurotiker Christian Brandes aka Schlecky Silberstein sammelt unsere irrsinnigsten Eigenarten und zeigt: Wir sind bekloppt, aber nicht allein.

»*Ich will ein Kind von diesem Buch.*«
Jan Böhmermann

Christian Seltmann

»Where the fuck is the Führer?«

Als Touri-Guide in Berlin

Humor.
Taschenbuch.
Auch als E-Book erhältlich.
www.ullstein-buchverlage.de

Unter den Blinden – Leben und Leiden eines Touri-Guides

Was war noch mal BRD? Gibt's hier auch 'nen Aldi? Where the fuck is the Führer? Solche Fragen muss Christian Seltmann ertragen, während er Touristen durch's Verkehrs- und Geschichtschaos des Berliner Hauptstadtdschungels leitet. Amerikanische Fahrrad-Legastheniker kollidieren mit cholerischen Lieferwagenfahrern. Rentner aus Bottrop blockieren auf Segways die Friedrichstraße. Australische Reisealkoholiker suchen den totalen Absturz. Nein, Touri-Guide ist kein leichter Job in dieser Stadt – wird aber versüßt durch die Bezahlung und durch bildschöne Frauen auf Junggesellinnen-Abschied. Eins steht jedenfalls fest: Berlin geht nicht ohne Führer …

Katja Berlin

Gefühltes Deutschland

Humor.
Mit farbigen Abbildungen.
Taschenbuch.
www.ullstein-buchverlage.de

Nach »Was wir tun, wenn der Aufzug nicht kommt«:
der neue Bestseller von Katja Berlin

Gefühlt weiß jeder, die wahre deutsche Teilung verläuft zwischen Aldi Nord und Aldi Süd. Und es gibt nur drei Klimazonen in Deutschland: den zu kalten Norden, die zu nasse Mitte und den zu heißen Süden. Nach ihren Bestsellererfolgen *Was wir tun, wenn der Aufzug nicht kommt* und *Was wir tun, wenn es an der Haustür klingelt* zeigt Katja Berlin in Grafiken, wie Deutschland wirklich ist. Die abgebildeten Vorurteile, gefühlten Wahrheiten und Meinungen sind zu mindestens 70 Prozent interessant, zu 90 Prozent überwiegend witzig und zu hundert Prozent wahr (Mehrfachnennungen möglich).

»Wir versprechen: Sie werden Ihren Alltag, Sie werden Deutschland wiedererkennen.«
Huffington Post